生・き・た・会・話・を・学・ぶ

中級から上級への
日本語なりきりリスニング

Role-based Listening:
Progressing from Intermediate to
Advanced Japanese

鎌田 修
Osamu Kamada
[監修]

奥野 由紀子
Yukiko Okuno

金庭 久美子
Kumiko Kaneniwa

山森 理恵
Michie Yamamori
[著]

音声再生アプリ「OTO Navi」のご案内 (iOS/Android)

ジャパンタイムズ出版の音声アプリ「OTO Navi」では、購入した書籍の音声をスマートフォンやタブレットで手軽に再生することができます。
本書の付属CDに収録されている音声もお聞きいただけますので、ぜひ学習にお役立てください。

OTO Navi audio app available (iOS/Android)

The Japan Times Publishing is launching OTO Navi, a new app for playing the audio material of purchased books on your smartphone or tablet anywhere, anytime. This includes the audio files of this book's CDs, so be sure to use OTO Navi to assist your studies!

Copyright © 2016 by Osamu Kamada, Yukiko Okuno, Kumiko Kaneniwa and Michie Yamamori

All rights reserved. No part of this publication may be reproduced, stored in a retrieval system, or transmitted in any form or by any means, electronic, mechanical, photocopying, recording, or otherwise, without the prior written permission of the publisher.

First edition: April 2016
4th printing: October 2024

Narrators: Sumiyo Sawada, Norikazu Shimizu, Kenta Matsumoto, Emi Taniguchi and Yuko Aoyama.
Recordings: TBS Service, Inc.
Translations: Umes Corp.
Illustrations: Noriko Udagawa
Layout design: DEP, Inc.
Typesetting: Soju Co., Ltd.
Cover design: Yamaoka Design Office
Printing: Nikkei Printing Inc.

Published by The Japan Times Publishing, Ltd.
2F Ichibancho Daini TG Bldg., 2-2 Ichibancho, Chiyoda-ku, Tokyo 102-0082, Japan
Website: https://jtpublishing.co.jp

ISBN978-4-7890-1566-0

Printed in Japan

もくじ

この本をお使いになる方へ ……………………………………… 4

ユニット 1	はじまりは桜から	9
ユニット 2	食べる楽しみ	19
ユニット 3	バイト体験	31
ユニット 4	結婚のお祝い	43
ユニット 5	買う楽しみ	55
ユニット 6	旅する楽しみ	67
ユニット 7	会社の話を聞く	79
ユニット 8	恋の話	91
ユニット 9	笑う楽しみ	101
ユニット 10	落語家にインタビュー	111

聞き取りトレーニング ……………………………………… 121
語彙リスト ……………………………………………………… 133

別冊：解答とスクリプト

この本をお使いになる方へ

「聞き取り」にとっていちばん大切なことは何でしょうか。それは、自分自身のこととして聞くことではないでしょうか。これまでの聴解教材や聴解テストは「傍聴型」が多かったと思いますが、本書は「参加型」で、日本語学習者が**聞く過程を強化**しながら「わかる！」「できる！」が体感できるように開発された聴解教材です。学習者が**当事者になりきって**聞き、自然に反応しながら会話に参加できるようになることを目指し、理解できない場合には、さまざまな聞き返し方法を使って相手からさらなる発話を引き出し、理解できるように練習します。

本教材は、第二言語習得理論をベースとした研究と実践に裏付けられており、意味のあるやりとりの中で「ｉ＋１（アイ プラス ワン）」すなわち、「学習者の能力ｉ」＋「少し上の知識１」を意識した聴解練習ができるよう作られています。それぞれのユニットの中で、また本書全体を通して、無理なくレベルアップし、聞いて理解し、会話に参加し、さらには相手から話を引き出す、そんな**聞く達人**を目指してください！

❶ ［この教科書の対象レベルと目標］

この教材は、**中級後期から、上級を目指す方々**を対象としています。日常のさまざまな場面やトピックにおいて、まとまった説明を目的に即して理解し、共感を示したり、わからない点については聞き返したりできる**能動的な聞く力**をつけることを目標としています。少し下のレベルの場合には語彙を先に導入するなど工夫し利用することが可能です。また、上のレベルであっても生の会話に不慣れな学習者には適したものとなっています。各ユニットで何を学ぶことができるかについては、扉ページにCan-doにあたる「**このユニットでできるようになること**」が書かれていますので、ぜひ学習者と一緒に確認してから始めてください。

❷ ［この教科書の特徴］

本書では、日本語学習者が当事者に「**なりきって**」聞きます。なぜ「**なりきる**」のか。それは、実際の聞く場面の多くにおいて、人々は目的を持って必要な情報を聞き取り、自分に必要のない部分は聞き流しているはずだからです。ですからこの教材においても、自分に関係のない音声を無目的に聞くのではなく、その当事者になりきって必要な情報を聞いてほしいのです。

本書の練習では、当事者になりきりやすいように、状況と「**なりきりカード**」が示されています。「なりきりカード」とは、当事者が持っているはずの（もしくは持っていないはずの）前提となる情報が示されたカードのことです。それをもとに会話の当事者として能動的に聞き、反応・応答できるようになることを目指します。本書に収録されている音声は、大学生や社会人、落語家

との間で実際に行われた会話をもとに「生きた」聞き取り状況を教材として再現し、当事者として「聞きたい」と思える内容となっています。ユニットを追うごとに日常から非日常、具体的なものから抽象度の高いものへと内容が配置され、無理なくレベルアップできるようになっています。

❸ [この教科書の構成]

本書は全部で10ユニットあり、各ユニットは次のような内容で構成されています（ユニット9・10は提出順序が異なります）。
- 聞く前に
- 聞いてみよう
    なりきりリスニング①②③→もう一度聞いて確認しよう→聞き返す練習をしよう
- 聞いたあとで
    なりきりリスニング：会話に参加しよう→話してみよう→生きた聞き取り
- 語彙を増やそう

❹ [この教科書の使い方]

本書の中心となる「聞いてみよう」では、まず「タスク先行型」の「なりきりリスニング」を行います。「なりきりカード」で立場を理解した上で、**そこにいる当事者として聞き**、会話の最後に何を話すか選びます。次に、再度同じ会話を聞き、相手の話していることが正しく理解できているかを確認するための内容確認の問題を行います。そして、聞けなかった場合に聞き返したり、確認したりしながら会話を進めるストラテジーを身につける練習をします。

「聞いたあとで」では、「聞いてみよう」の当事者になりきって聞く練習、「**なりきりリスニング：会話に参加しよう**」を行います。「生きた聞き取り」があるユニットでは、そのユニットのもととなった「生の会話」を聞く体験ができるようになっています。

さらに、「語彙を増やそう」では、推測しながら聞いていた新しい語彙について、耳から導入し、概念とマッチングさせながら、意味を理解し、定着を図る練習をします。そして時間外の活動として、その語彙を使った「聞き取りトレーニング」で聞く力の筋力アップを図ります。

以上のように、この教科書では、異なるタスクを用いてさまざまな角度から聞く力を強化しつつ、自然にインプット回数を増やすことができます。その過程で、聞いて「わかる！」という実感、会話に参加「できる！」という実感を高めていきます。未知語が多くて難しいようなレベルの場合には、語彙を先に導入してから会話を聞くなど、学習者のレベルに合わせた「橋渡し」を現場の先生に工夫していただけたらと思います。

本書は、ユニット1～8と、ユニット9・10で構成が異なっています。それぞれの具体的な使い方を次のページ以降で紹介しますので参考にしてください。そして、耳を鍛えながら、日本のリアルな生活や文化を楽しく学んでください。

ユニット 1〜8

😊 聞く前に

テーマに関連する話し合いでウォームアップ。自分にひきつけて考えられるよう、文脈化・活性化を試みる。

🎧 聞いてみよう

「なりきりリスニング」では、問題文を読んで場面を把握し、「なりきりカード」で「あなた」の立場をよく理解する。冒頭のスクリプトを見ながら聞いて「あなた」と相手の声を確認し、「あなた」になりきって相手の話を聞く。「聞く」ことに集中できるように、会話はすべてを文字で見せず、省略している部分を　😊　で示している。スクリプトでは文字化されていない相づちも意識するとよい。会話の最後に合図の音🎵が鳴ったところで「あなた」は何と言ったらよいか、教師は、**音声を一時停止させて学習者の解答を待つ**。

知らない語彙があって難しい場合は、聞く前に巻末の語彙リストで語彙を確認したり、「語彙を増やそう」を先に行ったりしてもよい。

● **もう一度聞いて確認しよう。**

「なりきりリスニング」と同じ会話の最後の完全版を聞いて質問に答え、理解を確認する。

聞き返す練習をしよう

ユニットごとにいろいろな方法で聞き返す練習を行う。単純な語の繰り返しだけではなく、相手の話した内容をまとめて言い換えて確認する練習も含まれている。複雑な聞き返しの場合は〔　　　〕で語彙を示し、それを用いて聞き返すようになっている。聞き返す方法にもいろいろなバリエーションがあるということを意識づけて行うとよい。

😊 聞いたあとで

「なりきりリスニング：会話に参加しよう」では「なりきりリスニング①〜③」のうちの一つの会話に参加する。状況を確認してから、「なりきりカード」をよく読み、「あなた」に「なりきる」準備をする。その上で相手の音声を聞きながら、「あなた」のパートを声に出して言う。音声は「聞いてみよう」の「あなた」のパートを抜いたものを使用している。相手が話している間の「あなた」の相づちは残っているので、一緒にタイミングよく相づちをうちながら聞くとよい。元の会話と一字一句同じである必要はなく、自分なりの言葉で、会話が成立すれば、「なりきれた」ことになる。

話してみよう

取り上げられている内容に関連するトピックについて、自分自身の経験や考えを述べ合う。

生きた聞き取り

ユニット２〜４、６〜８には「生きた聞き取り」がある。声優による録音ではなく、「なりきりリスニング」の元となった生の会話や、関連する内容の生の会話が収録されている。ここ

までの練習を踏まえ、「生の会話が聞き取れる」ことを実感し、自信をつけてほしい。

📝 語彙を増やそう

① このユニットで扱った語彙や関連する語彙を聞き、意味とのマッピングを行う。未知語が多い学習者の場合には、先に教師が簡単に各語彙を説明してから行ってもよい。

② 語の説明からキーワードを聞き取り、意味の理解を深める。レベルに応じて、一文ずつ音声を一時停止させる、全文を一度聞いてから書く時間を与える、など、やり方を工夫するとよい。

以下に、ユニット1～8の基本的な使い方を2パターン示す。

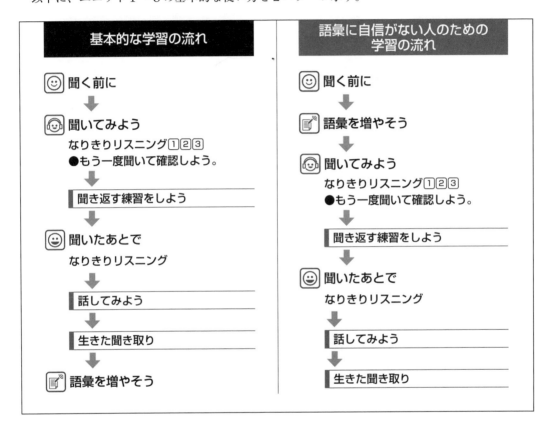

ユニット 9

ユニット9は、日本文化の一つである落語の小噺を聞いて楽しむための構成となっている。

😊 聞く前に

📝 語彙を増やそう

小噺に関連する語がわかると理解しやすいので、ユニット9では先に語彙を導入する。

🎧 聞いてみよう

落語家・柳家さん喬師匠の小噺を聞く。各小噺の前に、理解のヒントとなる質問に答えたうえで、小噺を聞くようになっている。聞いたあとで、理解を確認する質問に答える。

😊 聞いたあとで

「聞いてみよう」の小噺それぞれの登場人物の一人になりきって演じてみる。

話してみよう

「聞いてみよう」で聞いた小噺について話し合い、実際に小噺を演じてみる。

生きた聞き取り

さん喬師匠の別の小噺、「泥棒」と「酔っ払い」を聞く。

ユニット 10

ユニット10は、専門家や詳しい人にインタビューし、その内容を理解したうえで、相手に話を促すことができるようにするための構成になっている。

😊 聞く前に

📝 語彙を増やそう

「聞いてみよう」のインタビューの内容を理解するには、落語についての深い理解が求められるため、語彙の導入を先に行うとよい。

🎧 聞いてみよう

「なりきりリスニング」では、インタビュアーの一人になりきって、さん喬師匠へのインタビューを聞く。学習者のレベルに合わせて、先に質問内容を確認してからインタビューを聞いてもよい。

😊 聞いたあとで

「なりきりリスニング：会話に参加しよう」では、インタビュアーになりきって、相づちを打ったりしながら聞く。

話してみよう

自分がインタビューするとしたら、どんなことを聞いてみたいか話し合う。

生きた聞き取り

インタビューの内容を踏まえ、さん喬師匠の落語「初天神」を聞いて味わう。

巻末

🔊 聞き取りトレーニング

「語彙を増やそう」の音声を用いて、穴埋めと、聞きながら言う練習を行う。時間外や自宅学習として活用し、聴解の筋力アップを図る。

語彙リスト

各ユニットに出てくる語と読み方のリスト。

ユニット

1

はじまりは桜（さくら）から

このユニットでできるようになること

四季折々（しきおりおり）の挨拶（あいさつ）や天気に関する話を聞いて、理解（りかい）した内容（ないよう）を示（しめ）すことができる。

To listen to people evokes the seasons through their greetings and discussions about the weather, and be able to reply in ways that express your understanding.

# 聞く前に

1. あなたの国では、次のようなとき、どんな挨拶や話をしますか。

   (1) 寝坊して昼に起きて、家族と顔を合わせたとき
   (2) 午後の授業で、友達とその日初めて会ったとき
   (3) 店に入ってすぐ店の人と目が合ったとき
   (4) アルバイト先で仲間に会ったとき
   (5) 電車やバスで、となりに座った知らない人に話しかけるとき
   (6) 駅で親しい友達と別れるとき

2. 四季（春・夏・秋・冬）のはっきりしている日本では、挨拶をするときに天気の話をよくします。日本語には、季節によってどのような挨拶表現があるか知っていますか。

   （例）夏：　毎日暑いですね。
   　　　6月：雨がよく降りますね。

聞いてみよう

あなたは留学生です。「なりきりカード」で「あなた」の立場を確認してから、いろいろな季節の話題について聞いてください。

なりきりリスニング １

今、３月です。あなたはよく行く食堂で、店の人と桜について話しています。会話の最後の合図♪のあとで、あなたは何と言いますか。a、bから選んでください。 01-01

なりきりカード
・あなたは、日本の桜をまだ見たことがない。
・この辺でいつ桜が咲くか知らない。
・お花見をしたいと思っている。

あなた❶：桜って、いつごろ咲きますか。まだ早いかな。

店の人①：そうね、もうちょっと先だわね。まあ、この辺だと今月の末ごろかしら。

あなた❺：♪（　　　）

> a. へえ、毎年３月の終わりに、桜は満開になるんですね。
> b. じゃあ、桜前線を見たら、だいたいいつお花見に行ったらいいかわかるんですね。

□ 全国各地：in every part of the country　　□ 満開：in full bloom

● もう一度聞いて確認しよう。 01-02

（１）この辺りはいつごろ桜が咲くと言っていますか。

（２）「桜前線」とはどのような線のことですか。

なりきりリスニング ②

今日は8月のとても暑い日です。あなたはタクシーに乗り、運転手さんと話しています。会話の最後の合図♪のあとで、あなたは何と言いますか。a、bから選んでください。

01-03

なりきりカード

・あなたは4月に初めて日本に来た。
・とても暑いときに体がどうなるのか知らない。
・あなたの住んでいる寮にはエアコンがない。

運転手①：はい、どちらまで。

あなた❶：あ、横浜大学のさくら寮までお願いします。

あなた❺：♪（　　　）

a. えっ、そうなんですか。じゃあ、うちの中では夜は心配しないで大丈夫ですね。
b. えっ、そうなんですか。じゃあ、うちの中でもしっかり水とかを飲んだほうがいいんですね。

□ 猛暑：extreme heat　　□ 続出する：there are now many incidents of
□ 熱にやられる：overcome by the heat　　□ 熱帯夜：very muggy night

● もう一度聞いて確認しよう。 01-04

（1）最近、どんな天気が続いていますか。

（2）「熱中症」になるとどうなりますか。

なりきりリスニング ③

今、2月です。あなたは友達と教室に入ってきて、窓から外を見ながら話しています。会話の最後の合図♪のあとで、あなたは何と言いますか。a、bから選んでください。

01-05

なりきりカード

・今日はとても寒い。
・あなたは日本の冬の天気についてよく知らない。
・子供のころ、雪で遊んだことがある。

あなた❶：うわあ、教室の中も寒いね。
友　達①：うん、今朝は冷え込んだね。最低気温はマイナス1度だったらしいし。

あなた❽：🎵（　　　）

　　　a. 明日、雪とけるといいね。
　　　b. 明日、雪遊びできるといいね。

☐ 冷え込んだ：the temperature dropped　　☐ 寒気：cold air
☐ シベリア：Siberia　　☐ 雪がちらちら舞う：there's a sprinkling of snowflakes

● もう一度聞いて確認しよう。 01-06

（1）どうしてあと2、3日寒い日が続きますか。

（2）友達は、雪がどのぐらい積もると考えていますか。

聞き返す練習をしよう

あなたは日本人の友達とおしゃべりしています。

わかりにくい言葉の場合は、例のように繰り返しましょう。初めて聞く言葉の場合は、聞き取れた部分だけ聞き返しましょう。合図の音🎵に続けて言ってください。

（例1）11月　01-07

友　達：山はもう紅葉きれいなんだって。紅葉狩り、行こうか。
あなた：🎵 え、「もみじがり」って？
友　達：ああ、山とかに紅葉を見に行くこと。

(例2) 3月末　01-08

友　達：桜も満開、春本番！　いいねえ！
　　　　さくら　まんかい　はるほんばん
あなた：🎵 はる……？
友　達：ああ、「春本番」。春はいいね。

(1) 2月　01-09

友　達：雪、やまないね。積もりそう。明日の朝、　　🎧　　作れるかも！
　　　　ゆき　　　　　　　つ
あなた：🎵 え、＿＿＿＿＿＿＿＿＿？
友　達：ほら、　　🎧　　🎧　　🎧　　。

(2) 3月末　01-10

友　達：今日は　🎧　だね。
あなた：🎵 え、＿＿＿＿＿＿＿＿＿？
友　達：ええと、　🎧　　🎧　　🎧　　。

(3) 6月中旬　01-11

友　達：雨、やまないね。　🎧　したかもね。
あなた：🎵 ＿＿＿＿＿＿＿＿＿？
友　達：ああ、　🎧　　🎧　　🎧　　。

(4) 8月　01-12

友　達：暑いー。　🎧　になりそう。
　　　　あつ
あなた：🎵 え、＿＿＿＿＿＿＿＿＿？
友　達：えっとね、　🎧　　🎧　　🎧　　。

(5) 8月中旬　01-13

友　達：暑ー。　🎧　、厳しー。
　　　　あつ　　　　　　きび
あなた：🎵 ＿＿＿＿＿＿＿＿＿？
友　達：ああ、　🎧　　🎧　　🎧　　。

(6) 12月末　01-14

友　達：あ、雪！　🎧　だね。
あなた：🎵 ＿＿＿＿＿＿＿＿＿？
友　達：ああ、　🎧　　🎧　　🎧　　。

聞いたあとで

なりきりリスニング｜会話に参加しよう

なりきりリスニング① の会話に参加しましょう。今、3月です。よく行く食堂で、店の人と桜について話しています。なりきりカードの内容を参考に、「あなた」のパートを合図♪の後に自分の言葉で言ってください。〔　　〕があるときは、その言葉を使ってください。 01-15

なりきりカード
・あなたは、日本の桜をまだ見たことがない。
・この辺りでいつ桜が咲くか知らない。
・お花見をしたいと思っている。

あなた❶：桜って、いつごろ咲きますか。まだ早いかな。
店の人①：そうね、　　　　　　　　　　　　　　　　　　かしら。
あなた❷：♪ あー、今月_____。
店の人②：ええ、でも、　　　　　　　　　　　　　　　いいわよ。
あなた❸：♪ ん、えっと、_____？
店の人③：そう。全国各地の　　　　　　　　　　　　予想がね。
あなた❹：♪ え、_____？
店の人④：そうよ。日本地図に、　　　　　　　　　　　　　　　　　　　　　　　　　　　　　いいわよね。
あなた❺：♪ じゃあ、桜前線を見たら、〔だいたい／いつ／お花見／行ったらいい／わかります〕

_____

話してみよう

あなたの国では、季節に関係する行事や習わしがありますか。そのときどんなことをしますか。

写真提供：ピクスタ（p. 017 f・hも）

語彙を増やそう

1 季節のいろいろな行事や遊びを説明しています。a〜h のどれのことですか。 01-16

(1)＿＿＿ (2)＿＿＿ (3)＿＿＿ (4)＿＿＿

(5)＿＿＿ (6)＿＿＿ (7)＿＿＿ (8)＿＿＿

a. (　　) b. (　　) c. (　　) d. (　　)

e. (　　) f. (　　) g. (　　) h. (　　)

● 聞いたあとで、a〜h の (　　) に下から言葉を選んで書きましょう。

花火大会　　雪合戦　　子どもの日　　もみじ狩り
雪だるま　　海水浴　　いちご狩り　　栗拾い

ユニット 1　はじまりは桜から

2 音声を聞いて、下線に入る言葉を書きましょう。

（1）行楽日和　01-17

えー、桜前線は平年より速いペースで北上を続けていて、今日、東京の桜が開花しました。桜は____①____するとだいたい1週間ぐらいで満開になって見頃を迎えます。そこで気になるのが____②____のお天気ですが、この週末のお天気は晴れ、行楽日和となりそうです。えー、____③____に出かけて遊ぶのにちょうどいい、晴れたお天気ですね。お花見にちょうどいいので、____④____とも言えそうです。

（2）熱中症　01-18

えー、8月に入り、気温の高い日が続いています。体内の水分や____①____のバランスが、崩れて熱中症になりやすいので、えー、喉が渇く前に____②____水分をとり、日中の外出は避けたほうがいいでしょうね。____③____でも熱中症になりますので、えー、エアコンを適切に使うようにしてください。え、また、外出の際には紫外線が強いですから、____④____にもご注意ください。はい。

聞き取りトレーニング

→122ページ

ユニット

2

食べる楽しみ

このユニットでできるようになること

料理の作り方や食べ方の説明を聞いて理解し、
共感を示すことができる。
To listen to and understand an explanation of how food is prepared and eaten, and to be able to convey a sincere interest in what one is learning.

聞く前に

1 次のような料理を食べたことがありますか。どうでしたか。

a.

b.

c.

d.

2 あなたの好きな料理は何ですか。それはどんな料理ですか。

聞いてみよう

あなたは留学生です。「なりきりカード」で「あなた」の立場を確認してから、友達が話す、いろいろな食べ物の話を聞いてください。

なりきりリスニング ①

今、あなたは友達と、日本の食べ物について話しています。会話の最後の合図🎧の後で、あなたは何と言いますか。a、bから選んでください。 02-01

なりきりカード
- あなたは日本の食べ物について知りたい。
- 納豆の食べ方をよく知らない。

あなた①：日本で食べた料理の中で、「これは」って料理ありましたか。

友　達①：あー、あの、納豆があの、日本に来る前に、あの、ま、日本人の、なんか朝ご飯の時に食べる、発酵食品だっていうのは知ってたんですけど、……

あなた⑤：🎧（　　　）

> a. そうですね。ちょっと食べてみたいですね。
> b. そうですね。初めてでそれは勇気いりますね。

☐ 発酵食品：fermented food　　☐ 生卵：raw egg

ユニット 2　食べる楽しみ

●もう一度聞いて確認しよう。 02-02

（1）納豆は普通どのように食べると言っていますか。

（2）友達はなぜ「パス」と言っていますか。

なりきりリスニング ②

今、あなたは友達と、日本の食べ物について話しています。会話の最後の合図♪の後で、あなたは何と言いますか。a、bから選んでください。 02-03

なりきりカード

・あなたは、日本の食べ物について知りたい。
・お麩のお吸い物について知らない。

あなた❶：今まで食べた料理で、「これは」って料理ある？

友　達①：私、なんか、石川県のお吸い物ですっごく好きなのがあって。

あなた❽：♪（　　　）

a. へえ、そんなのあるんだ。
　　食べてみたいな。
b. へえ、そんなのあるんだ。
　　料理してみたいな。

写真提供：加賀麩不室屋

□（お）麩：[instant soup containing] o-fu, dried bread-like pieces of wheat gluten
□ もみじ型：shaped like maple leaves

●もう一度聞いて確認しよう。 02-04

（1）友達の好きなお吸い物はどうやって作りますか。

（2）友達はどうしてこのお吸い物を紹介したいと思いましたか。

なりきりリスニング ③

今、あなたは友達と、日本の食べ物について話しています。会話の最後の合図🎧の後で、あなたは何と言いますか。a、bから選んでください。 02-05

> **なりきりカード**
> ・あなたは、日本の食べ物について知りたい。
> ・日本でカニをどうやって食べるか知らない。

あなた❶：今まで食べた料理で、「これは」って料理ある？

友　達①：うーん、カニかな。

あなた⓫：🎧（　　　）

a. そうだね。「私が取った分は食べないでー」って思うよね。
b. そうだね。食べるより身を取り出すほうが楽しくなってるよね。

☐ カニ：crab　　☐ ハマる：be engrossed in　　☐ 快感：great feeling

● もう一度聞いて確認しよう。 02-06

（1）カニはどのように置いてありましたか。

（2）カニを食べる場合、友達は、どんなときに快感だと言っていますか。

聞き返す練習をしよう

料理の先生の説明を聞いています。イラストを見ながら、　　　　の言葉を聞き返す練習をしてください。

① 同じ言葉を繰り返して聞き返しましょう。合図の音♪に続けて言ってください。

（例）02-07

先　生：ホウレンソウは、3分ぐらい ゆでます 。
あなた：♪ ゆでます？
先　生：はい、お湯でゆでてくださいね。

（1）02-08

先　生：ひき肉を入れて、ばらばらになるまで　　　　　。
あなた：♪ ＿＿＿＿＿＿＿？
先　生：そうそう、　　　　　　　　　　　　　　　　　　。

（2）02-09

先　生：カップラーメンにお湯を　　　　　　　　。
あなた：♪ ＿＿＿＿＿＿＿？
先　生：ええ、　　　　　　　　　　　　　　　　　　。

（3）02-10

先　生：カニから身を　　　　　　　　。
あなた：♪ ＿＿＿＿＿＿＿？
先　生：ええ、　　　　　　　　　　　　　　　　　　。

2 〔　　〕の言葉を使って、違う言い方で聞き返しましょう。合図の音♪に続けて言ってください。

(例) ● 02-11

先　生：材料を入れて、20分くらい煮ます。
あなた：♪〔時間／かける／やわらかくする〕
　　　　　時間をかけてやわらかくするんですね。
先　生：そうです。時間をかけてやわらかく煮てください。

(1) ● 02-12

先　生：漬物に　　　　　。
あなた：♪〔少し／しょうゆ／入れる〕
　　　　_____。
先　生：そうです。　　　　　　　　　　　。

(2) ● 02-13

先　生：固形スープがとけるまで、　　　　　。
あなた：♪〔長い／箸／回す〕
　　　　_____。
先　生：そうそう。　　　　　　　　　　　。

(3) ● 02-14

先　生：最後に　　　　　。
あなた：♪〔お皿に／きれいに／入れる〕
　　　　_____。
先　生：そうです。　　　　　　　　　　　。

ユニット 2　食べる楽しみ

聞いたあとで

なりきりリスニング｜会話に参加しよう

なりきりリスニング① の会話に参加しましょう。今、あなたは友達と、日本の食べ物について話しています。なりきりカードの内容を参考に、「あなた」のパートを、合図♪の後に自分の言葉で言ってください。 02-15

なりきりカード

・あなたは日本の食べ物について知りたい。
・納豆の食べ方をよく知らない。

あなた①：日本で食べた料理の中で、「これは」って料理ありましたか。

友　達①：あー、あの、納豆があの、日本に来る前に、　　　　　　　　　　　　　
　　　　　とか、からかわれたりして。

あなた②：♪ へえ、_____？

友　達②：100回はひどいですよね。　　　　　　　　　　　　　　　　　　　　
　　　　　混ぜてたんですよね。

あなた③：♪ えー、_____？

友　達③：んー、でも、僕、　　　　　　　　　　　　　　　　　
　　　　　　　　　　　　　　　無理って。

あなた④：♪ ははは、私も_____。

友　達④：　　　　　　　　　　　　　　　　　　　
　　　　　さすがにそれは、ちょっとパス。

あなた⑤：♪ そうですね。〔初めて／それ／勇気／いります〕。
　　　　　_____。

話してみよう

日本の食べ物で印象的だったのはどんなものでしたか。それを食べてどう思いましたか。

生きた聞き取り

3人の大学生の会話です。女子学生が、お麩のお吸い物について話しています。自然な会話を楽しみながら聞いてください。 02-16

写真提供：加賀麩不室屋

語彙を増やそう

1 調理の仕方を説明しています。a～hのどれのことですか。 02-17

(1)＿＿＿　(2)＿＿＿　(3)＿＿＿　(4)＿＿＿

(5)＿＿＿　(6)＿＿＿　(7)＿＿＿　(8)＿＿＿

a. 　b. 　c. 　d.

e. 　f. 　g. 　h.

2 音声を聞いて、下線に入る言葉を書きましょう。

(1) 納豆　02-18

日本に来る前に、納豆を食べたことがありませんでした。日本人が朝ご飯の時に食べる発酵＿＿＿＿＿＿＿＿①だというのは知ってましたが、どうやって食べるのか、初めはちょっとわかりませんでした。納豆に醤油を＿＿＿＿＿＿＿＿②あとで、箸で数回＿＿＿＿＿＿③、＿＿＿＿＿＿＿＿④にして食べることを初めて知りました。

（2）お麩のお吸い物 02-19

お麩という食べ物を知っていますか。おみそ汁とか＿＿＿＿＿＿＿①＿＿＿＿＿＿＿に入れる＿＿＿＿＿＿＿②＿＿＿＿＿＿＿で作ったものなんですが、インスタントのお吸い物に入っているお麩は、お湯を＿＿＿＿＿＿＿③＿＿＿＿＿＿＿と、やわらかく、食べやすくなります。お麩には＿＿＿＿＿＿＿④＿＿＿＿＿＿＿とか、四角とか、＿＿＿＿＿＿＿⑤＿＿＿＿＿＿＿とか、いろいろな形があるんですよ。

写真提供：加賀麩不室屋

聞き取りトレーニング

→123ページ

ユニット

3

バイト体験
たいけん

このユニットでできるようになること

友達のアルバイトの話を聞いて、理解した内容を示すことができる。
ともだち　　　　　　　　　　　　　　　　　　　　りかい　　ないよう　しめ

To listen to a friend describe his/her part-time job and be able to respond in a manner that expresses your understanding.

聞く前に

1 a〜hの人たちは、どんなアルバイトをしているでしょうか。

a.

b.

c.

d.

e.

f.

g.

h.

2 あなたはどんなアルバイトをしたことがありますか。これからどんなアルバイトをしてみたいですか。

聞いてみよう

あなたは学生です。「なりきりカード」で「あなた」の立場を確認してから、友達のアルバイトの話を聞いてください。

なりきりリスニング ①

友達（ゆり）は最近アルバイトを始めたそうです。友達の話を聞いて、会話の最後の合図♪のあとで、あなたは何と言いますか。a、bから選んでください。 03-01

なりきりカード

・友達（ゆり）はホテルでクロークのアルバイトをしていると思っている。
・ゆりは何でもできる人だと思っている。

あなた①：ゆりちゃん、ホテルのアルバイト始めたんだよね。クロークだっけ？
友　達①：それが、この前、クロークじゃなくて、なんか、いつもと違う仕事やらされたの。

あなた❽：♪（　　　）

> a. はは、じゃ、次もおんなじ仕事任されるかもね。
> b. はは、じゃ、次は絶対クロークの仕事に戻れるよね。

☐ クローク：cloakroom　　☐ スモック：smock
☐ 食品：food　　☐ センスがある：you have a knack for

● もう一度聞いて確認しよう。 03-02

（1）友達は、新しい担当の場所で、どんな服を着るように言われましたか。

（2）友達は、具体的にどんな作業をしましたか。

なりきりリスニング ②

友達（みゆき）はカフェでアルバイトをしているそうです。友達の話を聞いて、会話の最後の合図🎧のあとで、あなたは何と言いますか。a、bから選んでください。　03-03

なりきりカード

・友達（みゆき）のカフェでのアルバイトの様子を知りたい。

あなた❶：みゆきちゃん、カフェでアルバイトしているんだよね？

友　達①：うん、そうそうこの前、外国のお客さんが来たときにほんとにどうしようって思ったの。ミルクがいるかいらないかとか、どう聞いたらいいかと思って。

あなた❽：🎧（　　　）

a. じゃあ、結局、飲み物は頼まなかったんだ。
b. じゃあ、サンドイッチとオレンジジュースにしたんだ。

☐ とっさに：in the spur of the moment
☐ ボリュームがある：servings are ample　☐ 単品：ala carte

● もう一度聞いて確認しよう。　03-04

（1）友達が対応した客はどんな客でしたか。

（2）客の注文の仕方にどんな問題がありましたか。

なりきりリスニング ③

友達（さとる）は回転ずしの店でアルバイトをしていたそうです。友達の話を聞いて、会話の最後の合図🎧のあとで、あなたは何と言いますか。a、bから選んでください。

🔊 03-05

なりきりカード

・友達（さとる）が回転ずしのアルバイトで
　どんなことをしていたか知りたい。

あなた❶：さとるは回転ずしのバイトしてたんでしょ？　何してたの。

友　達①：厨房に入ってた。

あなた❾：🎧（　　　）

　　a. そっか、レーン見て、空いているところに、好きなすしを置くわけね。
　　b. そっか、モニター見て、必要なすしを握って、レーンに出すわけね。

☐ 埋める：keep the plates coming in an unbroken sequence.
☐ 理想：the ideal situation
☐ ネタ：sushi toppings

● もう一度聞いて確認しよう。🔊 03-06

（1）友達はすし屋でどんな仕事をしていましたか。

（2）どうすれば売り上げがよくなりますか。

ユニット **3** バイト体験

聞き返す練習をしよう

友達がアルバイトの内容について話しています。自分の理解に間違いがないか確認するために、　　　　　の言葉を聞き返す練習をしてください。

1 同じ動詞を使って確認しましょう。合図の音♪に続けて言ってください。

(例) 03-07

友　達：お店に来た外国人、日本語、結構 話せて 。
あなた：♪ はなせる？
友　達：うん、日本語、結構話せた 。

(1) 03-08

友　達：お薦めありますか、って 　　　　　　 。
あなた：♪ ＿＿＿＿＿＿＿＿？
友　達：うん、　　　　　　　　　　　　　　　　　　　　　　。

(2) 03-09

友　達：スモックみたいな、白い服、　　　　　　 。
あなた：♪ ＿＿＿＿＿＿＿＿？
友　達：そう。　　　　　　　　　　　　　　　　　　　　　　。

(3) 03-10

友　達：お弁当を作っているところに　　　　　　 。
あなた：♪ ＿＿＿＿＿＿＿＿？
友　達：うん。　　　　　　　　　　　　　　　　　　　　　　。

2 〔　　　〕の言葉を使って、違う言い方で確認しましょう。合図の音♪に続けて言ってください。

（例）　03-11

友　達：「じゃあ、ハムサンドとチーズトーストで」って言って。
あなた：♪ えー、じゃあ、〔パン／2つ／頼む〕
　　　　　えー、じゃあ、パンを2つ頼んだの？
友　達：うん、2つ頼んだの。

（1）　03-12

友　達：　　　　　　の。
あなた：♪ えー、じゃあ、〔飲み物／何も／頼まなかった〕
　　　　_____？
友　達：そう。　　　　　　　　　　　　　　　。

（2）　03-13

友　達：　　　　　　って言われたの、　　　　　　。
あなた：♪ えー、じゃあ、〔15分／全部／洗う〕
　　　　_____？
友　達：そうそう、　　　　　　　　　　　　　　。

（3）　03-14

友　達：　　　　　　から見分けてって言われたの。
あなた：♪ えー、じゃあ、〔カップ／形／違う〕
　　　　_____？
友　達：そう。　　　　　　　　　　　　　　　。

聞いたあとで

なりきりリスニング｜会話に参加しよう

なりきりリスニング①の会話に参加しましょう。友達（ゆり）は最近アルバイトを始めたそうです。なりきりカードの内容を参考に、「あなた」のパートを、合図🎵の後に自分の言葉で言ってください。 03-15

なりきりカード

・友達（ゆり）はホテルでクロークのアルバイトをしていると思っている。
・ゆりは何でもできる人だと思っている。

あなた❶：ゆりちゃん、ホテルのアルバイト始めたんだよね。クロークだっけ？

友　達①：それが、この前、　　　　　　　　　　　　　　やらされたの。

あなた❷：🎵 _____

友　達②：この前、なんか、白い服着てくださいって言われて、　　　　　　　　　　　　　　　　　　　　　連れていかれて。

あなた❸：🎵 _____

友　達③：だって突然だよ。　　　　　　　　　　　　　　　　　　　　　　　　　　　　くださいって。

あなた❹：🎵〔ほんと／工場〕

　　　　　_____

友　達④：そう、で、初めてだったのに、　　　　　　　　　作業で。

あなた❺：🎵〔よく／テレビとか／見る／やつ〕

　　　　　_____

友　達⑤：うん。なんかそしたら、　　　　　　　　　　　だけど。

あなた⑥：🎤 ははは、〔ゆりちゃん／できる〕

_____

友　達⑥：で、　　🎧　　　🎧　　　🎧　　　　同時に。

あなた⑦：🎤 えー、〔２つ／きつそう〕

_____

友　達⑦：でしょ？　ほんと大変だったの。　🎧　🎧　🎧

　　　　　　🎧　　　🎧　　　🎧　　　　　言われたの。

あなた⑧：🎤 はは、じゃ、〔次／おんなじ／仕事／任される〕

_____

話してみよう

　あなたはどんなアルバイトや手伝いをしたことがありますか。あなたがそれをして学んだことは何ですか。

生きた聞き取り

　大学生同士が、ホテルのアルバイトで経験したことについて話しています。自然な会話を楽しみながら聞いてください。 🔊 03-16

語彙を増やそう

1. アルバイトをするときによく聞く言葉について説明しています。a～h のどれのことですか。 03-17

(1)_____ (2)_____ (3)_____ (4)_____

(5)_____ (6)_____ (7)_____ (8)_____

a. セットメニュー   b. バーコード   c. 主任（しゅにん）   d. ネタ

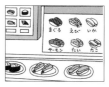

e. 担当（たんとう）   f. 厨房（ちゅうぼう）   g. メイン   h. モニター

2. 音声を聞いて、下線に入る言葉を書きましょう。

(1) セットメニュー 03-18

日本では、多くの店で定食をはじめとして、セットメニューが用意されています。_____①_____の場合、焼き魚定食とか生姜焼き定食のように、肉や魚と、ご飯、漬物、味噌汁のセットが一般的です。_____②_____の場合、AランチとかAセットというネーミングで、_____③_____と、パンかご飯、サラダが付いていて、コーヒーや紅茶、デザートまで付いているところもあります。セットメニューは栄養

のバランスもよく、値段もお_____④_____なので、お薦めです。実はお店のほうも、セットで頼んでくれたほうが時間や経費の_____⑤_____になります。

(2) 回転ずし　03-19

　回転ずしというのは、客の目の前を回るレーンにすしを載せ、客が好きなすしを取って食べるスタイルの店のことです。_____①_____によって値段が違う店もありますが、全部一皿_____②_____という店もあります。また、最近では、_____③_____を利用する店も増えてきました。自分の座っているところの前にタッチパネルがあって、すしの写真を押して注文すると、そのすしが出てくるんです。会計のときは、皿に付いた_____④_____やICチップを読み取ってすぐに金額が_____⑤_____される店もあります。

聞き取りトレーニング

→124ページ

ユニット

4

結婚のお祝い
けっこん　　いわ

このユニットでできるようになること

日本の結婚式のお祝いについての説明を聞いて、理解した内容を確認することができる。
にほん　けっこんしき　いわ　　　　　　　せつめい　き　　りかい　ないよう　かくにん

To listen to an explanation about gift giving at a Japanese wedding and be able to verify what you have understood in your responses.

 聞く前に

1. あなたの国では、結婚式をどのように行いますか。お祝いに何を贈りますか。

2. 次の写真は日本の結婚式の様子です。気づいたことを話してみましょう。

a.

b.

c.

写真提供(a〜c)：ピクスタ

聞いてみよう

あなたは留学生です。「なりきりカード」で「あなた」の立場を確認してから、日本の結婚のお祝いの贈り方について聞いてください。

なりきりリスニング 1

あなたは、結婚式に招待されました。今、日本人の先輩に相談しています。会話の最後の合図🎵のあとで、あなたは何と言いますか。a、bから選んでください。 ● 04-01

なりきりカード

・あなたは、親しい先輩である佐藤さんの結婚式に招待された。
・日本人の結婚式に招待されるのは初めてである。
・お祝いにお金を贈る習慣があることは知っているが、
  いくらぐらいがいいのかわからない。
・日本人の先輩のアドバイスに従いたい。

あなた❶：あのう、佐藤さんの結婚式に招待されたんですけど、でも結婚式初めてだし、普通、日本ではどうですか、あの、お金……ってどれぐらいとか、金額とか決まってますかね。

先　輩①：んー、佐藤さんだったらたぶん3万円でいいと思うんだけど、あの、ピン札っていって、きれいな、あの、しわがないきれいなお札で用意したらいいよ。

あなた❾：🎵（　　　）

　　a. わかりました。お札を3枚入れて、3万円にします。
　　b. わかりました。お札が3枚になるように2万円、用意します。

□ 縁起が悪い：portends ill-fortune　□ 奇数：odd numbers　□ 偶数：even numbers

● もう一度聞いて確認しよう。 04-02

（1）どうして、お札を2枚用意するのはいけないのですか。

（2）どうして、1万円1枚ではいけないのですか。

なりきりリスニング ②

今、あなたは、お祝いのお金について、日本人の先輩に相談しています。会話の最後の合図♪のあとで、あなたは何と言いますか。a、bから選んでください。 04-03

なりきりカード

・日本では普通、お祝いのお金をどのようにして渡すか知りたい。

あなた❶：お祝いのお金って、どうやって持っていけばいいんですか。

先　輩①：ご祝儀袋ってわかる？　コンビニとかで売ってるんだけど。

あなた❿：♪（　　　）

a. なるほど、ご祝儀袋の外に金額と名前を書いて持っていけばいいんですね。
b. なるほど、ご祝儀袋の外に名前を書いて、中の封筒に金額を書いて持っていけばいいんですね。

☐ 寿：congratulations; felicitations this kanji is often written on the package of the wedding gift
☐ 紅白：red and white; symbol of celebration

● もう一度聞いて確認しよう。 04-04

（1）ご祝儀袋はどこで売っていますか。

（2）自分の名前は、ご祝儀袋の外のどこに書きますか。

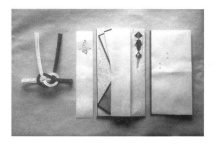

なりきりリスニング ③

今、あなたは、お祝いの贈り物選びについて、日本人の先輩に聞いています。会話の最後の合図🎧のあとで、あなたは何と言いますか。a、bから選んでください。 🔊 04-05

```
なりきりカード
・あなたは、佐藤さんの結婚式には都合がつかず、出席できない。
・代わりにお祝いの品を贈ろうと思う。
・日本人の先輩に相談して贈り物を決めたい。
```

あなた❶：日本だと普通どういうもの贈るんですか。

先　輩①：うーん、そうだな、えっと、まあ、やっぱり新しい生活の役に立つものじゃないかな。

あなた❼：🎧（　　　）

> a. わかりました。ペアのカップかワイングラスにします。
> b. わかりました。ナイフかキッチンばさみか、キッチンで使うものにします。

☐ ご縁：a human bond　　☐ 割れ物：things that break; things that are fragile

● もう一度聞いて確認しよう。 🔊 04-06

（1）「切る」とか「切れる」という言葉から、日本人はどんなことをイメージしますか。

（2）どんな人になら、割れ物を贈ってもいいでしょうか。

聞き返す練習をしよう

あなたは、日本人の先輩の話を聞いています。_____の言葉を聞き返す練習をしてください。

1. キーワードが初めて聞く言葉の場合は、その言葉を例のように聞き返しましょう。合図の音♪に続けて言ってください。

(例) 04-07

先　輩：その袋っていうのは、ご祝儀袋っていって――
あなた：♪ ご祝儀袋？
先　輩：そう、ご祝儀袋。

(1) 04-08

先　輩：この封筒の真ん中に結んであるのは、_____っていって――
あなた：♪ _____？
先　輩：うん、_____。

(2) 04-09

先　輩：この封筒に入れるのは、_____っていって――
あなた：♪ _____？
先　輩：そう、_____。

(3) 04-10

先　輩：あ、箱にかけてある紙はね、_____っていって――
あなた：♪ _____？
先　輩：そう、_____。

2 キーワードが聞いたことのある言葉の場合は、例のように繰り返しましょう。合図の音🎧に続けて言ってください。

(例) 04-11

先　輩：その袋っていうのは、ご祝儀袋っていって、封筒みたいな大きな……あの、なんですけど、あの寿とか、鶴とか付いていて――

あなた：🎧 ああ、ご祝儀袋。

先　輩：そう。お祝いのお金を入れる封筒ね。

(1) 04-12

先　輩：　　　🎧　　　っていうのは、封筒の真ん中に結んであるんだけど――

あなた：🎧 ああ、＿＿＿＿＿＿＿。

先　輩：そう、　　🎧　　　🎧　　　🎧　　　。

(2) 04-13

先　輩：封筒に入れるのは、　　🎧　　っていって、きれいな、しわがないお札にするんだけど――

あなた：🎧 ああ、＿＿＿＿＿＿＿。

先　輩：そう、　　🎧　　　🎧　　　🎧　　　。

(3) 04-14

先　輩：箱にかけてある紙はね、　　🎧　　。何の贈り物かっていうことと、贈った人の名前とかを書いてあるんだけど――

あなた：🎧 ああ、＿＿＿＿＿＿＿。

先　輩：そう、　　🎧　　　🎧　　　🎧　　　。

ユニット 4 結婚のお祝い

なりきりリスニング｜会話に参加しよう

なりきりリスニング③ の会話に参加しましょう。あなたは、お祝いの贈り物選びについて、日本人の先輩に聞いています。なりきりカードの内容を参考に、「あなた」のパートを合図♪の後に〔　　〕の言葉を使って、自分の言葉で言ってください。　04-15

なりきりカード
- あなたは、佐藤さんの結婚式には都合がつかず、出席できない。
- 代わりにお祝いの品を贈ろうと思う。
- 日本人の先輩に相談して贈り物を決めたい。

あなた❶：日本だと普通どういうもの贈るんですか。

先　輩①：うーん、そうだな、　　　　　　　　　　　　　ものじゃないかな。

あなた❷：♪あー、例えば、じゃあ、〔どういうもの〕。

先　輩②：うーん、そうだなあ、　　　　　　　　　　　　喜ばれるんじゃないかなあ。

あなた❸：♪ああ、ほんとに。じゃ、〔そういうもの／何でもいい〕。

先　輩③：あ、そうだな、　　　　　　　　　　　　　　　　　　　　　　　いいんじゃないかな。

あなた❹：♪あ、〔ナイフ／よくない〕？

先　輩④：うん、　　　　　　　　　　やめたほうが……。

あなた⑤：🎵 ああ。じゃ、あのう、〔きれいなお皿〕。

先　輩⑤：んー、　　🎧　　　🎧　　　🎧
　　　　　　　　🎧　　　🎧　　　🎧
うれしいかな。

あなた⑥：🎵 そっか。じゃあ、〔そういうもの／する〕。

先　輩⑥：うん、親しい人で、そういうの喜んでくれそうな人だったら、大丈夫だと思うよ。

あなた⑦：🎵 わかりました。ペアの〔カップ／ワイングラス／する〕。

話してみよう

あなたの国では、お祝いに贈ってはいけないものがありますか。または結婚式のときに使ってはいけない言葉がありますか。

生きた聞き取り

留学生と日本人の先輩の会話です。結婚のお祝いについて話しています。自然な会話を楽しみながら聞いてください。 🔊 04-16

語彙を増やそう

1. お祝いに関係する言葉について説明しています。a～h のどれのことですか。 04-17

(1)_____ (2)_____ (3)_____ (4)_____

(5)_____ (6)_____ (7)_____ (8)_____

a. ご祝儀袋

b. のし紙

c. 包装紙

d. 寿

e. シール

f. 水引

g. ピン札

h. 筆ペン

写真提供(b・d・e)：ピクスタ

2. 音声を聞いて、下線に入る言葉を書きましょう。

(1) ご祝儀袋　04-18

ご祝儀袋を知っていますか。結婚式などお祝いの時にお金を入れる袋のことです。＿＿＿＿＿①のようで、そこに「寿」など、お祝いを意味する字が書かれた紙が付いています。そして袋の真ん中には、赤と白などの、細い＿＿＿＿＿②のような水引が結んであります。この袋は、＿＿＿＿＿③などで買うことができます。

(2) ご祝儀袋のお金の入れ方　04-19

　ご祝儀袋にはお祝いのお金をどのように入れるのでしょうか。ご祝儀袋は袋の中にもう一つ_____①_____が入っていて、そこにお金を入れます。そのとき、中の封筒には、_____②_____と、自分の名前や住所を書いて入れます。ご祝儀袋の外には、_____③_____を付けます。そして、ほかに、細長い紙も一緒に付いていますから、その紙に自分の名前を_____④_____で書いて、袋と水引の間に差し込みます。

聞き取りトレーニング

→125ページ

ユニット

5

買う楽しみ

このユニットでできるようになること

店員の専門的な説明を聞いて、質問に答えたり確認したりすることができる。
せんもんてき　せつめい　　　　　　　　　　　　　　　かくにん

To listen to technical explanations from a retail salesperson, and be able to respond to questions and confirm points that have been made in the conversation.

聞く前に

1 あなたはどんなカメラで写真を撮りますか。

a. 一眼レフカメラ

b. ミラーレスカメラ

c. コンパクトカメラ

d. スマートフォン（スマホ）

2 どんな写真をよく撮りますか。

a. 風景

b. 人物

c. 植物

d. 動物

聞いてみよう

あなたは家電量販店で買い物をしています。「なりきりカード」で「あなた」の立場を確認してから、店員の説明を聞いてください。

なりきりリスニング ①

今、あなたは、カメラ売り場で店員の話を聞いています。会話の最後の合図♪の後で、あなたは何と言いますか。a、bから選んでください。　🔊 05-01

なりきりカード

- 旅行に行くので新しいカメラがほしい。
- スマホよりも遠くのものがきれいに撮れるカメラがほしい。

店　員①：いらっしゃいませ。何かお探しですか。

あなた❶：ええっと、今度ちょっと旅行に行くので、カメラを探してるんですけども。

あなた❻：♪（　　　）

　　a．景色や人を撮りたいなあと思っています。
　　b．やはり安くて軽いカメラがいいなあと思っています。

□ スマホ：smartphone　　□ 済ます：make do with
□ 物足りない：not good enough

● もう一度聞いて確認しよう。　🔊 05-02

あなたは、店員にどんなことを質問されましたか。

写真提供 (56ページ)：ソニー　a．レンズ交換式デジタル一眼カメラ『α77Ⅱ』ボディILCA-77M2（Aマウント）(『SAL70300G2』装着)　b．レンズ交換式ミラーレスデジタル一眼カメラ『α7SⅡ』ボディILCE-7SM2（Eマウント『FE2470Z』装着)　c．デジタルスチルカメラ サイバーショット® 『DSC-HX90V』　　ソニーモバイルコミュニケーションズ　d．Xperia™ Z5 Premium SO-03H

なりきりリスニング ②

今、あなたは、店員にカメラの機能について聞いています。会話の最後の合図🎧の後で、あなたは何と言いますか。a、bから選んでください。 05-03

> **なりきりカード**
> ・手ぶれの少ないカメラがほしい。
> ・どこにいてもカメラからSNSなどにすぐにアップできるか知りたい。

店　員①：今お薦めのものですと、こちらとかいかがでしょうか。こちらですと、軽いので旅行に持って行ったりもしやすくなっております。望遠機能も付いていますし、あと、最近、皆さん自撮りとかもよくなさると思うんですけど——

あなた①：じどり？

あなた⑤：🎧（　　　）

> a. へえ。手ぶれは、やはり仕方がないんですね。
> b. へえ。自分で撮った写真を直接カメラからアップできるってわけですね。

□ 望遠機能：telephoto function　　□ 範囲：field of view
□ ぶれ：blur　　□ 補正：correction

● もう一度聞いて確認しよう。 05-04

（1）店員は、このカメラの重さについてどのような説明をしていますか。

（2）店員が薦めるカメラはどうして自撮りがしやすいのですか。

写真提供：ソニー　デジタルスチルカメラ サイバーショット®『RX100Ⅲ』DSC-RX100M3

なりきりリスニング ③

今、あなたは、店員にカメラの一眼レフとミラーレスの違いについて聞いています。会話の最後の合図♪の後で、あなたは何と言いますか。a、bから選んでください。　05-05

なりきりカード

・一眼レフとミラーレスを比べると、
　ミラーレスのほうが軽いのではないかと思っている。
・どちらが自分に合うか知りたい。

あなた❶：一眼レフとミラーレスは何が違うんですか。

店　員①：はい、ミラーレスと一眼レフはその言葉のとおり、ミラーがあるかないかという違いがいちばん大きいですね。

あなた❻：♪（　　　）

　　a. じゃあ、手軽に使いたいなら一眼レフってことですね。
　　b. じゃあ、手軽に使いたいならミラーレスがいいですね。

☐ 反射ミラー：reflective mirror　　☐ 省略した：does away with
☐ 軽量化：lightening　　☐ 重量感：heavy feeling
☐ 被写体：subject of the photo　　☐ 安定している：stable
☐ ぼかし：feathering

一眼レフカメラ（上から）　　ミラーレスカメラ（上から）

● もう一度聞いて確認しよう。　05-06

（1）一眼レフカメラはミラーレスカメラと比べて、どのようなものがよく撮れますか。

（2）一眼レフカメラはどういう人にお薦めですか。

写真提供：ソニー　左／レンズ交換式デジタル一眼カメラ『α77Ⅱ』ボディILCA-77M2
（Aマウント）右／レンズ交換式ミラーレスデジタル一眼カメラ『α7SⅡ』ボディILCE-7SM2

聞き返す練習をしよう

家電量販店で店員の話を聞いています。_____の言葉を聞き返す練習をしてください。

1. 同じ言葉を繰り返して聞き返しましょう。聞き慣れない言葉や難しい言葉は、一部分を言うだけでも聞き返すことができます。合図の音♪に続けて言ってください。

(例) 05-07

店　員：主にお撮りになる 対象物 はどのようなものをお考えですか。

あなた：♪ たいしょう……？

店　員：ええ、どんなものを主にお撮りになるご予定でしょうか。

(1) 05-08

店　員：ミラーレスは反射ミラーがないので、_____でものを見ることになります。

あなた：♪ _____？

店　員：ええ、_____。

(2) 05-09

店　員：今は皆さん、_____とかっていうのも楽しんだりされていまして。

あなた：♪ _____？

店　員：ええ、_____。

(3) 05-10

店　員：プロのような写真を撮るには、このように背景をぼかして_____にピントを合わせて撮るといいですよ。

あなた：♪ _____？

店　員：はい、_____。

2 〔　　〕の言葉を使って、違う言い方で聞き返しましょう。合図の音🎵に続けて言ってください。

(例) 🔊 05-11

店　員：主にお撮りになる対象物はどのようなものをお考えですか。

あなた：🎵 ええっと、〔カメラ／撮る／もの〕ってことですか。

　　　　　ええっと、カメラで撮るものってことですか。

店　員：ええ、それによって、お薦めする機種が変わってくる場合がございますので。

(1) 🔊 05-12

店　員：ミラーレスは　　　　　　　でものを見ることになります。

あなた：🎵 ええっと、〔この／モニター／見る〕ってことですか。

　　　　＿＿＿＿＿＿＿＿＿＿＿＿＿＿＿＿＿＿＿＿＿＿。

店　員：ええ、　　　　　　　　　　　　　　　　　　。

(2) 🔊 05-13

店　員：最近は皆さん、　　　　　　とかっていうのも楽しんだりされていまして。

あなた：🎵 ああ、〔自分／自分の写真／撮る〕ってことですか。

　　　　＿＿＿＿＿＿＿＿＿＿＿＿＿＿＿＿＿＿＿＿＿＿。

店　員：ええ、　　　　　　　　　　　　　　　　　　。

(3) 🔊 05-14

店　員：ミラーレスと一眼レフは、その言葉からもおわかりのとおり、

　　　　　　　　　　　　　　　　　　　　　　がいちばん大きいですね。

あなた：🎵 へえ、〔鏡／あるかないか／違い〕ってことですか。

　　　　＿＿＿＿＿＿＿＿＿＿＿＿＿＿＿＿＿＿＿＿＿＿。

店　員：ええ、　　　　　　　　　　　　　　　　　　。

聞いたあとで

なりきりリスニング ｜ 会話に参加しよう

なりきりリスニング②の会話に参加しましょう。今、あなたは、店員にカメラの機能について聞いています。なりきりカードの内容を参考に、「あなた」のパートを合図♪の後に自分の言葉で言ってください。 05-15

なりきりカード

・手ぶれの少ないカメラがほしい。
・どこにいても、カメラからSNSなどにすぐにアップできるか知りたい。

店　員①：今お薦めのものですと、こちらとかいかがでしょうか。　　　　　　　　　　　　　　　　　　　　　　　　　　思うんですけど——

あなた❶：♪＿＿＿＿＿＿＿＿＿＿＿＿？

店　員②：ええ、　　しやすいんですよ。

あなた❷：♪へえ、〔よさそう〕。
　　　　　　＿＿＿＿＿＿＿＿＿＿＿＿＿。

店　員③：そうなんですね。　　　　　　　　　　　　　　　　　　　撮れちゃう。

あなた❸：へえ、あー。スマホで撮ると結構ぶれることが多いので、手ぶれが少ないのはいいですねえ。
　　　　　　♪あ、あの、これ、〔カメラ／SNS／アップ／できる〕。
　　　　　　＿＿＿＿＿＿＿＿＿＿＿＿＿＿＿＿＿＿＿＿。

店　員④：そうなんですよ、　　　　　　　　　　　　　　　　　　　　　　　　　　　　　　　　なってるんです。

あなた❹：🔵 へえ、〔すごい〕。
　　　　＿＿＿＿＿＿＿＿＿＿＿＿＿。

店　員⑤：その場ですぐにアップできますから、とても便利ですよ。

あなた❺：🔵 へえ。〔自分／撮った／写真／直接／カメラ／アップ／できる〕。
　　　　＿＿＿＿＿＿＿＿＿＿＿＿＿＿＿＿＿＿＿＿＿＿＿＿＿＿＿＿＿。

話してみよう

あなたはどんなカメラがほしいですか。それはなぜですか。

語彙を増やそう

1 店の人がカメラについて説明しています。a～h のどれのことですか。 05-16

(1)_____ (2)_____ (3)_____ (4)_____

(5)_____ (6)_____ (7)_____ (8)_____

a. 望遠レンズ　　b. ファインダー　　c. 手ぶれ　　d. 液晶画面

e. ミラーレスカメラ　f. コンパクトカメラ　g. 自撮り　h. 一眼レフカメラ

2 音声を聞いて、下線に入る言葉を書きましょう。

(1) 自撮り　05-17

今私がお薦めのものはこちらです。軽くて持ち運びしやすいですし、_____①_____とかっていうのもしやすくなっております。ご家族や友達みんなと自分も一緒に入って、_____②_____で撮ることができるんですよ。そして、_____③_____を抑えてくれる機能があるので、片手でもきれいに撮れますよ。

（2）一眼レフとミラーレス　05-18

　カメラには大きく、コンパクトカメラと、ミラーレス、一眼レフがございます。一眼レフでは、レンズを通して見えるものがそのまま_____①_____を通して見えるんですが、これは反射ミラーがあるためです。ミラーレスはその言葉のとおり、この反射ミラーがないので、_____②_____画面で、撮影しようとするものを見ることになります。ミラーレスは一眼レフの機能を一部_____③_____したことでですね、まあ、_____④_____、つまり軽くすることに成功したと言われているんですよ。

聞き取りトレーニング

→126ページ

写真提供（64ページ）：ソニー　a．デジタル一眼カメラα用レンズ 70-300mm F4.5-5.6 G SSM Ⅱ『SAL70300G2』　b．デジタルスチルカメラ サイバーショット®『RX100 Ⅲ』DSC- RX100M3　d．レンズ交換式ミラーレスデジタル一眼カメラ『α5100』パワーズーム レンズキットILCE-5100L（E PZ16-50mm F3.5-5.6 OSS）ホワイト

旅する楽しみ

このユニットでできるようになること

友達の旅行の経験談を聞いて理解し、共感を示すことができる。

電車の運行状況に関するアナウンスを聞いて、必要な情報を確認することができる。

To listen to and understand a friend's report on a trip that he/she has taken, and be able to convey a sincere interest in your replies.

To listen to an announcement regarding the current status of train operations on your line, and be able to obtain verification on information that you require.

 聞く前に

1. あなたの国の駅や電車では、アナウンスをよく聞きますか。アナウンスがある場合、どんな情報がアナウンスされますか。

2. あなたの国の有名な観光地を一つ選んでください。そこはどんなところですか。何月に行くといいですか。どうやって行ったらいいですか。

# 聞いてみよう

あなたは学生です。「なりきりカード」で「あなた」の立場を確認してから、友達の旅行の話を聞いてください。

なりきりリスニング 1

今、あなたは、友達に金沢について聞いています。会話の最後の合図🎧のあとで、あなたは何と言いますか。a、bから選んでください。 06-01

なりきりカード

- 金沢に行ったことがある人に、いいところかどうか教えてもらいたい。
- 兼六園の名前は知っている。
- きれいな景色が見たい。

あなた❶：金沢とか、どう？ いい？ 行ったことある？

友　達①：うん、いいと思うよ。金沢はね、俺、もう2、3回行ったね。まあやっぱ特に兼六園なんていいし。なんだっけ、日本で有名な庭園の一つだもんね。まあ、金沢っていえば、兼六園だよね。

あなた❺：🎧（　　　）

　　a. へー、朝の兼六園って、そうなんだ。人が全然いないっていいね。
　　b. へー、朝の兼六園って、そうなんだ。静かで落ち着いた感じっていいね。

☐ ざわざわ：commotion, hubbub
☐ 眺望台：scenic lookout
☐ 朝焼け：sunrise hues

写真提供：金沢市

● もう一度聞いて確認しよう。 06-02

（1）朝、兼六園に行くと、どんな景色が見られますか。

（2）朝、兼六園に行く場合、どんなことに注意しなければなりませんか。

なりきりリスニング ②

今、あなたは、友達と金沢にある「忍者寺」について話しています。会話の最後の合図🎵のあとで、あなたは何と言いますか。a、bから選んでください。 06-03

なりきりカード

・金沢の「忍者寺」に行ったことがない。
・「忍者寺」に興味がある。
・迷路のような場所は苦手だ。

あなた❶：金沢のさ、なんだっけ、えっと、「忍者寺」？って行った？

友　達①：ううん、行ってない。でも、すっごく面白いって。

あなた❽：🎵（　　　）

> a．へー。ほんとにすごい造りなんだね。面白そう。
> b．へー。その友達、ほんとに出られなくなっちゃったんだ。

□ 忍者：ninja

● もう一度聞いて確認しよう。 06-04

（1）「忍者寺」は、どうしてそのように呼ばれていますか。

（2）「忍者寺」にはどんな仕掛けがありますか。

写真提供：ゼンリンデータコム

なりきりリスニング ③

今、あなたは友達と、旅行のときにどんなところに泊まるかについて話しています。会話の最後の合図♪のあとで、あなたは何と言いますか。a、bから選んでください。

06-05

なりきりカード

・1日3,000円から4,000円ぐらいで旅行したいと思っている。
・ビジネスホテルに泊まることが多い。

あなた❶：旅行行ったときってさ、どういうところ泊まる？

友　達①：あ、俺ね、なんかね、とにかく安く、ま、日本でもね、一日、全部で3,000円台から4,000円台で抑えるね。

あなた❺：♪（　　　）

a. へー、そうなんだ。いいね。なるほどね。知らない人と仲良くなれるのは、確かにいいよね。
b. へー、そうなんだ。いいね。なるほどね。仲良くなった人と一緒に旅行するって、確かにいいよね。

☐ 抑える：to keep under
☐ ぜいたく（な食事を）した：had a sumptuous meal

● もう一度聞いて確認しよう。 06-06

（1）友達は旅行のとき、ぜいたくしたと思った次の日はどうしますか。

（2）ゲストハウスで、どんなことをしますか。

ユニット 6 旅する楽しみ

聞き返す練習をしよう

あなたは友達と移動中です。電車の中や駅のアナウンスを聞いています。

[1] アナウンスから聞き取った情報を、〔　〕の言葉を使って、友達に確認しましょう。合図の音♪に続けて言ってください。

(例) 新幹線の中で　06-07

友　達：あれ？　もう時間過ぎてるよね。どうして出ないんだろう。

アナウンス：この電車はかがやき8号、金沢行きです。ただ今、ホーム上の安全確認を行っております。そのため、この電車、少々、発車が遅れる見込みです。列車遅れまして、ご迷惑をおかけいたします。

あなた：♪〔ホーム上／安全確認〕
　　　　ホーム上の安全確認？

友　達：うん、そうだね。安全確認か。

(1) 駅のホームで　06-08

友　達：うーん、電車、来ないね。どうしたのかな。

アナウンス：お待たせしております。　　　　　　　　　　　　　　　。申し訳ございませんが、今しばらくお待ちください。

あなた：♪〔踏切／人／入る〕
　　　　_____？

友　達：うん、　　　　　　　　　　。

(2) 駅のホームで　06-09

友　達：あれ？　電車、止まってるみたいだね。どうしたのかな。

アナウンス：お客様にご案内いたします。　　　　　　　　　　　　　　お急ぎのところご迷惑をおかけし、誠に申し訳ございません。

あなた：♪〔横浜駅／車両点検〕
　　　　_____？

友　達：うん、　　　　　　　　　　。

2 アナウンスから聞き取った情報を、〔 〕の言葉を使って、友達に確認しましょう。合図の音🎵に続けて言ってください。

(例) 駅のホームで　06-10

友　達：電車、来ないね。どうしてだろう。

アナウンス：お客様にご案内いたします。ただ今、東海道線、一時、運転の見合わせを行っております。お急ぎのところご迷惑をおかけし、誠に申し訳ございません。

あなた：🎵 えー、〔電車／止まる〕

　　　　えー、電車止まってるんだ。

友　達：うん、しばらく動かないみたいだね。

(1) 駅のホームで　06-11

友　達：電車、来ないね。なんでかな。

アナウンス：お客様にご案内いたします。　　　　　　　　　　　　　　　　　　　　　　　　　　　　　　　　　　　　　。お急ぎのところ、申し訳ございません。

あなた：🎵 えー、〔遅れる〕

　　　　_____。

友　達：うん、　　　　　　　　　　　。

(2) 電車の中で（今、12時15分です。）　06-12

友　達：あー、もう15分ぐらい止まってるよね。いつになったら動くのかなあ。

アナウンス：ご案内いたします。　　　　　　　　　　　　　　　　　　　　　　　　　　　　　　　　　今しばらくお待ちください。

あなた：🎵 あ、〔もうすぐ／動く〕

　　　　_____。

友　達：うん、　　　　　　　　　　　。

ユニット 6 旅する楽しみ

聞いたあとで

なりきりリスニング｜会話に参加しよう

なりきりリスニング③ の会話に参加しましょう。今、あなたは、友達と旅行のときにどんなところに泊まるかについて話しています。なりきりカードの内容を参考に、「あなた」のパートを合図♪の後に自分の言葉で言ってください。　06-13

なりきりカード

- 1日3,000円から4,000円ぐらいで旅行したいと思っている。
- ビジネスホテルに泊まることが多い。

あなた❶：旅行行ったときってさ、どういうところ泊まる？

友　達①：あ、俺ね、なんかね、とにかく安く、ま、日本でもね、一日、全部で3,000円台から4,000円台で抑えるね。

あなた❷：♪ あー、そうだよね、〔できたら／そのぐらい／いい〕
_____

友　達②：うん。　　やってたから、うん。

あなた❸：♪ じゃあ、〔基本／ビジネスホテル〕
_____

友　達③：いや、　　全然いいかなって。

あなた❹：♪ なるほどね。〔情報交換／できる〕
_____

友　達④：そう。　　　　　　　　　　　　　　　　　　　　　　　
　　　　　　　　　　　　いるし。
あなた❺：🎵へー、そうなんだ。いいね。なるほどね。〔知らない人／仲良くなれる／
　　　　確かにいい〕

話してみよう

あなたがこれまで旅行で訪れた場所で、いちばん印象に残っているのはどこですか。その場所のどういうところがよかったですか。どんな思い出がありますか。

生きた聞き取り

男子学生が、旅先でどんなところに泊まるかについて話しています。自然な会話を楽しみながら聞いてください。 06-14

□ 賞味期限：a best-before date　　□ 〜の醍醐味：the best part of 〜

語彙を増やそう

1 観光地への旅行で聞いた言葉について説明しています。a〜hのどれのことですか。
 06-15

(1)_____ (2)_____ (3)_____ (4)_____

(5)_____ (6)_____ (7)_____ (8)_____

a. 迷路　　b. 旅先　　c. ゲストハウス　　d. ビジネスホテル
e. 落とし穴　f. 建物の造り　g. 無料開放　　h. 仕掛け

2 音声を聞いて、下線に入る言葉を書きましょう。

(1) 金沢　 06-16

石川県金沢市は、日本海に面する人口約47万人の町です。自然豊かで、昔からの古い_____①_____が今でも多く残っています。江戸時代の代表的な_____②_____である兼六園には、春の桜、秋の紅葉の時期だけでなく、冬も多くの_____③_____が訪れます。日本海の新鮮な食材が集まる近江町市場も旅行者に人気があります。伝統的な_____④_____なども有名です。

写真提供：金沢市

（2）忍者寺　06-17

　石川県金沢市にある「妙立寺」は、建物の造りが複雑なことから「忍者寺」と呼ばれて人々に親しまれています。侵入した＿＿＿＿①＿＿＿＿をあざむくためにそのような造りになっており、中はまるで＿＿＿＿②＿＿＿＿のようです。そこに階段があることがわからないような＿＿＿＿③＿＿＿＿や、その上を通る人が気付かずに落ちてしまうような落とし穴など、驚くような＿＿＿＿④＿＿＿＿が数多くあります。訪れた際は、迷子にならないように注意しましょう。

写真提供：金沢市

聞き取りトレーニング

→127ページ

ユニット

7

会社の話を聞く

このユニットでできるようになること

日本の会社の話を聞いて理解し、さらに質問することができる。

To listen and understand a discussion about Japanese companies and be able to follow up with questions.

 聞く前に

① あなたは日本の会社で働いてみたいですか。

② 会社に入ったら、どんな仕事がしてみたいですか。

聞いてみよう

あなたは、これから就職活動をする大学生です。「なりきりカード」で「あなた」の立場を確認してから、日本人が話す、会社の話を聞いてください。

なりきりリスニング ①

今、あなたは、2年前に卒業した先輩に仕事のことについて尋ねています。会話の最後の合図🎵の後で、あなたは何と言いますか。a、bから選んでください。 07-01

なりきりカード

・残業があるかどうか知りたい。
・残業時間や残業手当がどのぐらいか知りたい。

あなた❶：会社って、えっと、あの、朝何時から夜何時までですか。

先　輩①：ええと、うちの会社は、8時40分から5時15分まで。

あなた❻：🎵（　　　）

> a. へー、じゃ、8時から深夜残業になるんですか。
> b. へー、じゃ、もう少し残りたい人はどうするんですか。

先　輩⑥：

□ 時間外労働：overtime work
□ 手当：allowance
□ 影響が出る：is affected

● もう一度聞いて確認しよう。 07-02

（1）先輩の会社では、深夜残業の手当はどのように計算しますか。

（2）先輩の会社では、深夜の残業についてどう考えていますか。

なりきりリスニング 2

今、あなたは、営業部で働いている先輩に、異動のことについて尋ねています。会話の最後の合図🎵の後で、あなたは何と言いますか。a、bから選んでください。 07-03

> **なりきりカード**
> ・先輩の会社では異動があるかどうか知りたい。
> ・先輩の会社ではジョブ・ローテーションが
> あるかどうか知りたい。

あなた❶：異動の話とか聞きたいんですけども、あの、まあ、なんだろう、部署異動は結構あるかなっていう印象ですけど、いかがですか。

先　輩①：そうですね。うん、まあ、1回も変わったことがないっていう人はいないと思いますね。

あなた❺：🎵(　　　)

> a. なるほど。じゃ、異動するのはいい経験になるっていうことでしょうか。
> b. なるほど。じゃ、一つの部署で経験を積んだほうがいいっていうことでしょうか。

先　輩⑤：

□ (人事)異動：personnel transfer　　□ 工場：factory

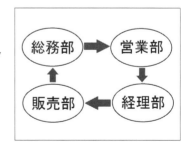

● もう一度聞いて確認しよう。 07-04

（1）自分の専門外の部署への異動はありますか。

（2）ジョブ・ローテーションのいい点はどんな点ですか。

なりきりリスニング ③

今、あなたは、先輩に社内レクリエーションについて尋ねています。会話の最後の合図🔔の後で、あなたは何と言いますか。a、bから選んでください。 07-05

> **なりきりカード**
>
> ・社内レクリエーションでは何をするのか、いつするのか、どんな人が参加できるのか、など詳しいことを知らない。

あなた❶：先輩の会社には、社内レクリエーションとかあるんですか。

先　輩①：社内レクリエーションはですね。そうですね。あのー、支社ごとに運動会とかやりますね。

あなた❼：🔔（　　　）

> a. へー。なるほど。先輩は、ディズニーランドに行って、泊まったんですか。
>
> b. へー。なるほど。先輩は、社内レクリエーションに参加してよかったですか。

先　輩⑦：

☐ 補助(金)が出る：receive a subsidy　　☐ 抵抗があった：felt uncomfortable
☐ 顔なじみ：a familiar face

● もう一度聞いて確認しよう。 07-06

（1）先輩の会社では、社内レクリエーションにどんなものを利用していますか。

（2）社内レクリエーションのいい点はどんな点ですか。

ユニット 7　会社の話を聞く

聞き返す練習をしよう

就職活動を始めるあなたは、2年前に卒業した先輩に会社の話を聞いています。

1 興味や関心を持った情報を確認しましょう。合図の音🎵に続けて言ってください。

（例） 07-07

先　輩：会社では、数年に1回、
　　　　会社のみんなで 運動会をやるんです。

あなた：🎵 へー、運動会をやる。

先　輩：運動会っていうほどでもないんですけど、みんなでスポーツするんですね。

（1） 07-08

先　輩：運動会は、土曜日とか日曜日にします。　　　　　　。

あなた：🎵 へー、＿＿＿＿＿＿＿＿＿＿

先　輩：ええ、　　　　　　　　　　　　　　　　　　　。

（2） 07-09

先　輩：残業した場合は、時間に応じて　　　　　　　　　。

あなた：🎵 へー、＿＿＿＿＿＿＿＿＿＿

先　輩：はい、　　　　　　　　　　　　　　　　　　　。

（3） 07-10

先　輩：深夜残業になると、　　　　　　　　　　　　　。

あなた：🎵 へー、＿＿＿＿＿＿＿＿＿＿

先　輩：ええ、　　　　　　　　　　　　　　　　　　　。

②〔　　〕の言葉を使って違う言い方で聞き返しましょう。合図の音♪に続けて言ってください。

(例) 07-11

先　輩：深夜残業になると、もっと多くて、5割増しぐらいになるんです。
あなた：♪ へー、〔深夜残業／そんなに／割り増し／なる〕
　　　　　へー、深夜残業はそんなに割り増しになるんですか。
先　輩：はい、そうなんです。やはり夜中の仕事になりますから。

(1) 07-12

先　輩：有給休暇は　　　　　　　　　　　　　　。
あなた：♪ へー、〔有給休暇／そんなに／たくさん／取れる〕
　　　　_____
先　輩：はい、そうなんです。　　　　　　　　　　　　　　　　　　。

(2) 07-13

先　輩：同期入社の　　　　　　　　　　　　　　　　　　　　　　　。
あなた：♪ へー、〔基本給／そんな／差／ない〕
　　　　_____
先　輩：はい、そうなんです。　　　　　　　　　　　　　　　　　　。

(3) 07-14

先　輩：子育て中の　　　　　　　　　　　　　　　　　　　　　　　。
あなた：♪ へー、〔そんなに／長い間／使える〕
　　　　_____
先　輩：はい、そうなんです。　　　　　　　　　　　　　　　　　　。

聞いたあとで

なりきりリスニング｜会話に参加しよう

なりきりリスニング③ の会話に参加しましょう。今、あなたは、先輩に社内レクリエーションについて尋ねています。なりきりカードの内容を参考に、「あなた」のパートを合図🎵の後に〔　　〕の言葉を使って、自分の言葉で言ってください。　07-15

なりきりカード

・社内レクリエーションでは何をするのか、いつするのか、どんな人が参加できるのかなど、詳しいことを知らない。

あなた❶：先輩の会社には、社内レクリエーションとかあるんですか。

先　輩①：社内レクリエーションはですね。そうですね。　　　　　　　　　やりますね。

あなた❷：🎵 へー、〔運動会〕

　　　　　_____

先　輩②：運動会　　見るんです。

あなた❸：🎵 へー、〔ディズニーランド／ショー〕

　　　　　_____

先　輩③：はい、なんかその、　　　　　　　　　　　　　　　　　　　しています。

あなた❹：🎵 ということは、〔会社／イベント／なければ／見られない／ショー／ある〕

　　　　　_____っていうことですか。

先　輩④：そうです。　　　多いですね。

あなた❺：♪ そういうのって、〔土日／行く〕

先　輩❺：そうですね。　　　　　　　　　　　　　　　　　　　　ように。
あなた❻：♪ 家族も行っていいんですね。〔その場合／会社／補助／出してくれる〕

先　輩❻：はい、　　　　　　　　　　出ます。
あなた❼：♪ へー。なるほど。〔先輩／社内レクリエーション／参加する／よかった〕

先　輩❼：そうですね。　　　　　　　　　　　　　　　　　　　　
　　　　　　　　　　　　　　　　　　　　　　　　　　　　思います。

話してみよう

　あなたの国では、会社の仕事以外で、会社の人と交流がありますか。一緒にどんなことをしますか。その良さは何だと思いますか。

生きた聞き取り

　これから就職活動をする大学生が、先輩に残業のことについて尋ねています。自然な会話を楽しみながら聞いてください。　07-16

ユニット 7　会社の話を聞く

語彙を増やそう

1 先輩が会社のことについて説明しています。a〜h のどれのことですか。 07-17

(1)_____ (2)_____ (3)_____ (4)_____

(5)_____ (6)_____ (7)_____ (8)_____

a. 異動　　b. 有給休暇　　c. 育休　　d. 社内レクリエーション
e. 部署　　f. 就業時間　　g. 基本給　　h. 残業

2 音声を聞いて、_____の言葉を書きましょう。

(1) ジョブ・ローテーション 07-18

　　ジョブ・ローテーションというのは、計画的に社員をさまざまな部署に異動させることです。社員の職場を__①__に変え、いろいろな仕事を経験させることによって、社員の__②__開発を行うことを目的としています。この方法によって、社員は経験を通していろいろな__③__で自分の仕事を見ることができ、どの仕事が自分に合うかを知ることができます。また、__④__を避けられるというメリットもあります。

(2) 社内レクリエーション 07-19

　　会社に勤めている人が会社の人たちみんなと温泉旅行に行った、というような話を聞いたことがありますか。__①__レクリエーションには、社員旅行をはじめとして、運動会やお花見、スポーツ観戦などがあり、多くの企業で行われています。その目的は、社員同士の__②__を深め、チームワーク強化を図ったり、ほかの部署とのコミュニケーション不足を__③__したりすることです。社内レクリエーションを行うことによって、職場の雰囲気を良くし、__④__の向上に結び付くと考えられています。

聞き取りトレーニング

→128ページ

ユニット

8

恋の話
こい

このユニットでできるようになること

> 友達の恋愛に関する話を聞いて、理解した内容を
> ともだち れんあい かん りかい ないよう
> 確認したり共感を示したりすることができる。
> かくにん きょうかん しめ
>
> To listen to a friend discuss romantic love, and, in the conversation, be able to verify your understanding and express an interest in his/her views.

 聞く前に

1. 異性の友達がいますか。その人はあなたにとってどういう存在ですか。

2. あなたは、付き合うなら／パートナーにするなら／結婚するなら、自分と同じタイプがいいですか。違うタイプがいいですか。

イラスト：maruko

聞いてみよう

あなたは学生です。「なりきりカード」で「あなた」の立場を確認してから、友達の話を聞いてください。

なりきりリスニング ①

今、あなたは、友達と男女の友情について話しています。会話の最後の合図🎧のあとで、あなたは何と言いますか。a、bから選んでください。　08-01

なりきりカード

・男女の友情は、「何もない」と思う相手とだったら成立すると考えている。

あなた❶：えー、そっか。私も男女の友情って成立するかなって思うんだけど、それはやっぱりなんかこう、たまにいるじゃん、「こいつとは何にもないな」って思うやつ。そういう相手とは、成立するのかな。

友　達①：うん。そうだよね。でも、男友達って、いると、幸せっていうか、なんかさ、🎧　　　　　　　　　　相談できるからさ。
　　　　　🎧　　　　　🎧　　　　　🎧

あなた❺：🎧（　　　）

　　　　a. なるほどね。確かに。男友達って気を使って本音言ってくれないもんね。
　　　　b. なるほどね。確かに。男友達って結構はっきり本音を言ってくれるもんね。

● もう一度聞いて確認しよう。　08-02

（1）好きな人がいるときに、男友達にどんな相談ができますか。

（2）女子はどういう場合が多いですか。

なりきりリスニング ②

今、あなたは友達と、恋人として付き合うということについて話しています。会話の最後の合図♪のあとで、あなたは何と言いますか。a、bから選んでください。 08-03

なりきりカード

・いつ、どういう段階から、恋人として「付き合っている」と言えるのか、友達の意見が知りたい。

あなた❶：いつ、どういう段階からなんだろうね。んー、友達、友達じゃなくて「付き合ってる」って。

友　達①：え、言葉ないと。

あなた❽：♪(　　　)

　　a. そっか、気持ちが一致して、何か言葉もあって、そこからスタートか。
　　b. そっか、気持ちが一致したら、言葉がなくても、そこからスタートか。

● もう一度聞いて確認しよう。 08-04

付き合い始めるときスタートラインがないと、どんなことが困りますか。

なりきりリスニング ③

今、あなたは友達と、付き合うならどんなタイプがいいか話しています。会話の最後の合図♪のあとで、あなたは何と言いますか。a、bから選んでください。 08-05

なりきりカード

・付き合う相手は自分と同じタイプと違うタイプ、どちらがうまくいくか、友達の意見が知りたい。
・同じタイプだと、お互いに理解できて心地いいと思っている。

あなた❶：昨日、面白いトピック出たんだけど、その、付き合うんなら、あの、同じタイプか、違うタイプか。価値観が同じか、違うか。

友　達①：タイプねえ。

あなた⑥：♪（　　　）

> a. 本物、ね。そっか。なるほどね。自分と考え方が同じで、以心伝心がいいか。
> b. 本物、ね。そっか。なるほどね。自分とは違うタイプと、パズルのピースがはまるような感じがいいか。

□ パズル：puzzle　　□ ピース：a piece　　□ はまる：fiting in

● もう一度聞いて確認しよう。 08-06

（1）同じ考え方の人だと、どうしてつまらないのですか。

（2）友達は、どういう関係が本物だと言っていますか。

聞き返す練習をしよう

友達の恋愛に関する話を聞いています。

[1] 友達が話そうとしていることの、ポイントとなる言葉を聞き返しましょう。合図の音♪に続けて言ってください。

（例） 08-07

友　達：付き合い始めるときのポイントは何かって言うと、それは、思いが一致することだと思うよ。

あなた：♪ 思いが一致？

友　達：そう。お互いの思いが一致することが、いちばん大事じゃない？

（1） 08-08

友　達：友達がさ、男女の間でも、　　　　　　　　。

あなた：♪ _____？

友　達：そう。　　　　　　　　　　　　　　　　。

(2) 08-09

友　達：付き合うときって、相手と_____。
あなた：🎵_____？
友　達：そう。_____。

(3) 08-10

友　達：今さ、実は、その、私、ちょっと_____。
あなた：🎵_____？
友　達：へへへ。_____。

② 〔　　　〕の言葉を使って、違う言い方で聞き返しましょう。合図の音🎵に続けて言ってください。

(例) 08-11

友　達：なんか、好きな子がいてさ、思い切って気持ち言ったらさ、そしたら、なんか突然、仲良かったのに、なんだろ、その瞬間から避けられるようになってさ。
あなた：🎵え、〔急に／避けられる／なった〕？
　　　　え、急に避けられるようになったの？
友　達：そう。その瞬間から。

(1) 08-12

友　達：なんか、俺の友達、_____。
あなた：🎵え、〔付き合う／すぐ／遠距離恋愛／なる〕？
　　　　_____？
友　達：そう。_____。

(2) 08-13

友　達：うちのお母さん、_____。
あなた：🎵え、〔お母さん／アタックする／付き合い始めた〕？
　　　　_____？
友　達：そう。_____。

聞いたあとで

なりきりリスニング｜会話に参加しよう

なりきりリスニング② の会話に参加しましょう。今、あなたは友達と、恋人として付き合うということについて話しています。なりきりカードの内容を参考に、「あなた」のパートを、合図♪の後に自分の言葉で言ってください。 ● 08-14

なりきりカード

・いつ、どういう段階から、恋人として「付き合っている」と言えるのか、友達の意見が知りたい。

あなた❶：いつ、どういう段階からなんだろうね。友達、友達じゃなくて「付き合ってる」って。

友　達①：え、　　　　　　　　　と。

あなた❷：♪ _____

友　達②：うん。　　　と思う。

あなた❸：♪ え、言葉って、とりあえず、ま、その、何、
　　　　　〔始まり／スタートライン／もの〕
　　　　　_____

友　達③：だって、　　　　　　　　　　　　　　　　　　　　　　　　　なるじゃん。

あなた❹：♪ あー、そっか。なるほどね。そうだよね。じゃあなんだろ、
　　　　　〔付き合う／いつ／どういう段階から〕
　　　　　_____

友　達④：付き合う？

あなた⑤：🎵 そう、付き合う。〔いつ／どういう段階／「付き合ってる」／言える〕

_____

友　達⑤：お互いの 〰〰〰 😊 〰〰〰 😊 〰〰〰 😊 〰〰〰 あって。

あなた⑥：🎵〔一致／時〕_____

　　　　〔言葉／ある〕_____

　　　　〔そのとき〕_____

友　達⑥：うん。

あなた⑦：🎵〔言葉／ない／何も／前／進みませんよ〕

_____みたいな感じ？

友　達⑦：うん、〰〰〰 😊 〰〰〰 😊 〰〰〰 😊 〰〰〰 思う。

あなた⑧：🎵 そっか、〔気持ち／一致／何か／言葉／ある／そこ／スタート〕

_____

話してみよう

　あなたはどういう段階から「2人は付き合っている」と言えると思いますか。どういうふうにして恋愛は始まると思いますか。

生きた聞き取り

　女子学生2人が、「好き」という気持ちについて話しています。自然な会話を楽しみながら聞いてください。　08-15

☐ 高め合う：to enhance each other

語彙を増やそう

1 恋の話に出てくる言葉について説明しています。a〜h のどれのことですか。 08-16

(1)＿＿＿ (2)＿＿＿ (3)＿＿＿ (4)＿＿＿

(5)＿＿＿ (6)＿＿＿ (7)＿＿＿ (8)＿＿＿

- a. 付き合っている
- b. 倦怠期
- c. 気を使う
- d. イラッとする
- e. 本音
- f. 価値観
- g. 心地いい
- h. ズバッと言う

2 音声を聞いて、下線に入る言葉を書きましょう。

(1) 以心伝心　08-17

　文字や言葉を使わなくても、心と心が通じ合っていて、考えていることが＿＿＿①＿＿＿＿＿＿＿わかることを「以心伝心」といいます。例えば、非常に親しい友達がいて、その子とは幼稚園からの＿＿＿②＿＿＿＿＿＿＿であり、何を考えているのか、何を言おうとしているのか、＿＿＿③＿＿＿＿＿＿＿ことがなくてもわかるような場合、その友達とは「以心伝心」だと言えます。恋人同士の場合、以心伝心で何でも＿＿＿④＿＿＿＿＿＿＿ほうがいいという考え方もあるでしょうし、それではつまらないと考える人もいるかもしれませんね。

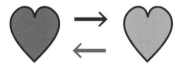

イラスト：maruko

（2）記念日 08-18

皆さんの国では、結婚記念日をお祝いしますか。日本でも、明治時代から少しずつお祝いする習慣が広まって、今では、結婚記念日に、_____①_____の間で毎年記念のプレゼントを贈ったり、食事をしたりする習慣が_____②_____しています。そして最近では、カップルの間でも、_____③_____はじめて1か月目、6か月目、1年目などをお祝いするようになってきました。特別な所に出かけたり、特別な食事をしたりするようです。ただし、特に何もしないという人も多く、結婚_____④_____ほどお祝いの習慣が定着しているとは言えないようです。

聞き取りトレーニング

→129ページ

笑う楽しみ
わら

このユニットでできるようになること

小噺（笑い話）を聞いて理解し、
こばなし わら ばなし　　　 りかい
笑いのポイントをつかむことができる。
わら

To listen to and understand a lead-in (a witty vignette) to a *rakugo* story, and be able to grasp the point of the humor.

 聞く前に

1. あなたの国にはプロのコメディアンがいますか。どんな人ですか。

2. あなたは落語を見たことがありますか。それはどんな話でしたか。どうでしたか。

写真・山田雅子

語彙を増やそう

落語についての言葉を確認しましょう。

音声を聞いて、下線に入る言葉を書きましょう。

(1) 落語　09-01

「落語」というのはですね、歌舞伎など、ほかの伝統芸能と違って、身振りと＿＿＿＿＿＿＿＿＿①のみで噺を進め、一人何役をも演じます。また、衣装や舞台装置などを極力使わず、小道具の＿＿＿＿＿＿＿＿＿②や手拭を使って、箸や手紙など、あらゆるものを表現します。噺家と聞き手の＿＿＿＿＿＿＿＿＿③で世界が広がっていく、とてもシンプルで身近な芸能です。

(2) オチ　09-02

落語は、噺の最後に「オチ」がつくのが特徴です。昔は、昔から伝わる話とか、まあ、お坊さんのお説教とか、そういうものが落語の題材になってたわけです。その話の最後の＿＿＿＿＿＿＿＿＿①部分をごく近年＿＿＿＿＿＿＿＿＿②というようになりました。ごく近年、と言っても、200年ぐらい前のことです。言葉が＿＿＿＿＿＿＿＿＿③、語りが落ちるということから、「オチ」という言葉が作られたと思いますね。

（3）しゃれ 09-03

「しゃれ」とは、ことば遊びの一種です。その場の流れに応じて「しゃれ」を使うことによって、相手を楽しませたり笑わせたりすることができます。特に同じ音や_____①_____を利用して、ひとつの表現の中に_____②_____の意味を込めて使うものが基本的です。「この焼肉は焼きにくい」とか、「_____③_____がふっとんだ」「本棚に置くのは本だな」。面白いですね。

ここでは、落語家（噺家）、柳家さん喬師匠の小噺を聞きます。
　小噺とは、「オチ」や「しゃれ」が含まれる、とても短い会話のことです。小噺は落語のように、一人の噺家が２人や３人の役を演じて話します。

柳家さん喬（やなぎや さんきょう）
落語家。1948年、東京都出身。
筑波大学やアメリカのミドルベリー大学などで、落語を通して外国人学生に日本語や日本文化を紹介する活動を続けている。
2014年、国際交流基金賞受賞。

写真・武藤奈緒美

小噺 ①

「ねずみ」

■ 質問に答えよう。

（１）あなたの国では、ねずみは何と鳴きますか。

（２）a～dの鳴き声は、どの動物の鳴き声だと思いますか。 09-04

a（　）
b（　）
c（　）
d（　）

①　②　③　④

（３）①～③の漢字の音読みは何でしょうか。

①大（　　　）　②中（　　　）　③小（　　　）

さん喬師匠の小噺を聞こう。 09-05

□ てえしたこたあねえ ＝「大したことはない」の江戸弁 (way of speaking associated with people whose roots go back to pre-modern Tokyo)

● ねずみはどれくらいの大きさでしたか。（　　）

① 小さかった　　② 中くらいだった　　③ 大きかった

小噺 ②

「美術館」

質問に答えよう。

（1）美術館に行ったことがありますか。

（2）どんな画家の絵が好きですか。

（3）「ピカソ」という画家の絵を知っていますか。

（4）自分の顔や姿を映すものを何といいますか。

さん喬師匠の小噺を聞こう。 09-06

□ ルノアール：Renoir　□ ゴヤ：Goya　□ ユトリロ：Utrillo
□ ピカソ：Picasso　□ さよう：Oh, precisely!

● この女性は何を見てピカソの絵だと思いましたか。（　　）

① ルノワールの絵　　② 自分の絵　　③ 自分の顔

小噺 ③

「うなぎ」

■ 質問に答えよう。

(1)「うなぎのかば焼き」はどれですか。(　　)

　　□ かば焼き＝うなぎを開いて焼いた料理：
　　　kabayaki: kabayaki is eel that has been sliced open and grilled

① 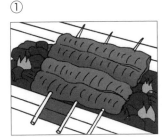　② 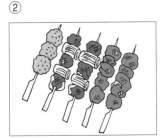　③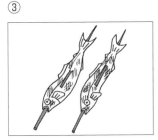

(2) あなたはうなぎを食べたことがありますか。

(3) ①〜③の言葉の読み方を書いてください。

　① 和食（　　　　　）【意味】「日本料理」の別の言い方。
　② 洋食（　　　　　）【意味】「西洋料理」の別の言い方。
　③ 養殖（　　　　　）【意味】食用＊に魚や貝を人工的に育てること。

＊食用の魚や貝には、自然に育った「天然」のものと、人工的に育てられた「養殖」のものがある。
The fish and shellfish that we consume are either "natural" products, which are taken from the wild, or "farmed" products, which are raised artificially.

■ さん喬師匠の小噺を聞こう。　09-07

● この店のうなぎは、どんなうなぎですか。(　　)

　① 和食　　② 洋食　　③ 養殖

聞いたあとで

なりきりリスニング｜小噺に参加しよう

小噺①〜③に参加しましょう。なりきりカードの内容を参考に、登場人物の一人になって、合図♪の後に自分の言葉で言ってください。

小噺①

「ねずみ」　09-08

なりきりカード

・友達がネズミを捕まえた。
・捕まえたネズミは箱の中いるので、大きさがわからない。
・友達は大きかったと言うが、あなたは小さかったと思う。

友　達①：おいっ。ネズミつかまえた。
あなた❶：♪ ＿＿＿＿＿＿
友　達②：この箱の中にな、今、ネズミつかまえたんだよ。大きなネズミだったよ。
あなた❷：♪いいやあ、〔てえしたこたあねえ／大きくはなかった／いやあ／小さかった〕
　　　　　＿＿＿＿＿＿＿＿＿＿＿＿＿＿＿＿＿＿＿＿＿＿＿＿＿＿＿＿

友　達③：いや、大きかったよ。
あなた❸：♪〔小さかった〕
　　　　　＿＿＿＿＿＿＿＿＿＿

友　達④：大きかったよ。
あなた❹：♪〔小さかった〕
　　　　　＿＿＿＿＿＿＿＿＿＿

　と二人で言い合っていると、中でネズミが、「チュウ」。

小噺 ②

「美術館」 09-09

なりきりカード

・あなたは美術館で働いている。
・今、ルノワールやユトリロ、ピカソなど有名な画家の展覧会を行っている。
・絵を見に来た女性があなたに質問するので、答える必要がある。

女　性①：あーら、素敵、この絵。ルノワールでしょ。
あなた❶：🎵 いいえ、〔奥様／これ／違う／ルノワールじゃない／これ／ゴヤ〕

_____

女　性②：あ、そう。あ、こっちがね、ルノワールね。
あなた❷：🎵 いいえ、〔違う／それ／ユトリロ〕

_____

女　性③：あ、さよう。あ、わかった。これならわかるわ、これピカソでしょ。
あなた❸：🎵 いえ、〔奥様／それ／鏡〕

_____

小噺 ③

「うなぎ」 09-10

なりきりカード

・外国人であるあなたは、初めてうなぎ屋に「かば焼き」を食べに来た。
・「かば焼き」が、日本料理なのか西洋料理なのかわからない。

店の人①：いらっしゃい、いらっしゃい。
あなた❶：🎵〔うなぎ屋さん／こんにちは〕

_____

店の人②：へい、いらっしゃい。
あなた❷：🎵〔このかば焼き／ニホンリョウリ／セイヨウリョウリ〕

_____

店の人③：へえ？　あ、こりゃ、外国の方。これねえ、ええ、ヨウショクですよ。

話してみよう

[1] 「ねずみ」「美術館」「うなぎ」のうち、どの小噺がいちばん面白かったですか。

[2] あなたも噺家になって、「ねずみ」「美術館」「うなぎ」の小噺をやってみましょう。

生きた聞き取り

柳家さん喬師匠の別の小噺も聞いてみましょう。楽しみながら聞いてください。

[1] 「泥棒」 09-11

[2] 「酔っ払い」 09-12

聞き取りトレーニング

→130ページ

ユニット

10

落語家にインタビュー
らくごか

このユニットでできるようになること

> その分野の専門家や詳しい人にインタビューし、その内
> ぶんや せんもんか くわ　　　　　　　　　　　　　　　　ない
> 容を理解した上で、相手に話を促すことができる。
> よう りかい　うえ　　あいて　　　うなが
> To interview an expert or a well-informed person in the field and, having understood something that has been said, be able to prompt him/her to comment.

聞く前に

1 日本語がわからない外国の人が日本語で落語を楽しめると思いますか。

2 あなたは日本語、またはほかの言語で、インタビューをしたことがありますか。相手が話すとき、インタビュアーとしてどんなことに気を付けましたか。

語彙を増やそう

① 落語に関係する言葉について説明しています。a〜hのどれのことですか。 🔊 10-01

(1)_____ (2)_____ (3)_____ (4)_____

(5)_____ (6)_____ (7)_____ (8)_____

　　a. 字面（じづら）　　b. 噺家（はなしか）　　c. 落ちる（お）　　d. 完結する（かんけつ）
　　e. 語り（かた）　　　f. しぐさ　　　　　　g. ウケる　　　　h. 打ち崩す（うくず）

② 音声を聞いて、下線に入る言葉を書きましょう。

(1) 師匠（ししょう）　🔊 10-02

　　学校の先生を呼ぶときに「先生」と呼びますね。それと同様に、①＿＿＿＿＿＿＿＿＿＿を呼ぶ際、敬意を込めて「師匠」と呼びます。でも、「師匠」と呼んでもらえるのは②＿＿＿＿＿＿＿＿＿の落語家になってからです。「寄席」という、落語などを専門にやる劇場で、プログラムの③＿＿＿＿＿＿＿＿＿＿＿に出る資格を持つような落語家は「師匠」と呼ばれます。師匠は、自分で④＿＿＿＿＿＿＿＿＿をとって若い落語家を育てることができます。

(2) 名人　🔊 10-03

　　あなたの周りには、何かがとても上手な人がいますか。その技能がその分野で優れている人のことを「①＿＿＿＿＿＿＿＿＿」と言います。例えば、釣りが上手で魚をたくさんとることができ、釣りを②＿＿＿＿＿＿＿＿＿している人なら、「釣りの名人」と言うことができますし、落語の世界で話がうまくて③＿＿＿＿＿＿＿＿＿が高い人なら「落語の名人」と言うことができます。落語の名人ともなれば、声を出さなくても④＿＿＿＿＿＿＿＿＿だけで何をしているのかすぐわかると言われています。

（3）総合芸術　10-04

　皆さんは、絵を見たり、音楽を聞いたり、文学や詩を読んだりすることはありますか。美術や、音楽、文芸などを表現する人と、それを楽しむ人によって成り立つものを＿＿＿＿＿＿＿＿＿＿＿①といいます。それらを表現する人たちを＿＿＿＿＿＿＿＿＿＿＿②と呼びます。芸術の中には、例えば、映画やオペラのように、音楽と文芸、舞台美術、演劇など、それぞれの芸術が、調和、融合した形式の芸術があります。そういったさまざまな芸術が融合したものを「＿＿＿＿＿＿＿＿＿＿＿③」といいます。

# 聞いてみよう

噺家、柳家さん喬師匠にインタビューをしています。あなたはインタビュアーです。
「なりきりカード」で「あなた」の立場を確認してから聞いてください。

（男性インタビュアー：鎌田　女性インタビュアー：奥野）

なりきりカード

・あなたは落語に興味を持っている。
・落語はどのようなものかについて聞きたい。
・師匠が落語を海外で披露したときのエピソードについて聞きたい。

なりきりリスニング ①

さん喬師匠が、落語とはどのようなものかについて話しています。インタビューの前に、（1）〜（4）の質問を読んでください。インタビューを聞いたあとで、答えをa、bから選んでください。 ● 10-05

☐ 近年：in recent years　　☐ よそ様：people outside the world of Rakugo
☐ 御伽衆：close advisors to feudal lords　☐ 俗に言う：so-called
☐ お坊さん：buddhist monk　☐ 大成した：developed as a successful form of entertainment

（1）昔、落語は何と呼ばれていましたか。 ● 10-06

　　a.「はなし」と呼ばれていました。
　　b.「落ちる語」と呼ばれていました。

（2）師匠は、どうして「落語」という言葉ができたと考えていますか。 ● 10-07

　　a. 落語を商品化するためだったと考えています。
　　b. 落語を伝統的なものにするためだったと考えています。

（3）話が終わるときに面白い言葉を使うようになったのは、いつごろからでしょうか。

  a. 最近です。

  b. 200年ぐらい前からです。

（4）「オチ」というのは何ですか。 10-09

  a. 口の中から飛び出す言葉です。

  b. 完結するところの、面白い言葉です。

なりきりリスニング 2

さん喬師匠が、フランスで落語を披露したときのエピソードを話しています。インタビューの前に、（1）〜（3）の質問を読んでください。インタビューを聞いたあとで、答えをa、bから選んでください。 10-10

□ 語り：storytelling　　□ 一切知らない：with no knowledge of
□ 字面を追う：just make following the script their focus
□ そうしましたらば：When we did this, we found that ...
□ ウケる：catch the audience's fancy

（1）フランスで落語を披露したとき、どんな工夫をしましたか。 10-11

  a. 短い言葉やイラストをパワーポイントで見せました。

  b. ストーリーの訳をすべてパワーポイントで見せました。

（2）フランス人の聴衆は、落語を聞いて笑いましたか。 10-12

  a. 笑いませんでした。

  b. よく笑いました。

（3）なぜ師匠は「俺は名人か」と思ったのでしょうか。 10-13

  a. フランス人が、日本人と違うところで笑ってくれたからです。

  b. フランス人が、日本人と同じように笑ってくれたからです。

なりきりリスニング ③

さん喬師匠が、フランスで落語を披露したときに思ったことを話しています。インタビューの前に、(1)～(3)の質問を読んでください。インタビューを聞いたあとで、答えをa、bから選んでください。 🔊 10-14

- ☐ 死神（しにがみ）：Grim Reaper
- ☐ 打ち崩された（うちくず）：went tumbling by the wayside
- ☐ どうせ：[Before going, we thought that this] was just not meant to work out

(1)「死神」という噺をしたとき、フランス人の反応はどうでしたか。 🔊 10-15
   a. 話についてこられませんでした。
   b. 話についてきてくれました。

(2)「言葉」というものについて、師匠はどう考えていますか。 🔊 10-16
   a. 言葉全体が理解できなくても言いたいことは伝わると考えています。
   b. 言葉が理解できないと言いたいことは伝わらないと考えています。

(3) 師匠は、フランスに行く前は、落語をどのように考えていましたか。 🔊 10-17
   a. 落語は日本人しかわからないだろうと思っていました。
   b. どんな文化でも共通点があるから、落語を理解してもらえるだろうと思っていました。

聞いたあとで

なりきりリスニング｜会話に参加しよう

なりきりリスニング② のインタビュアーになって会話に参加しましょう。あなたは、さん喬師匠にインタビューをしています。なりきりカードを読んであなたの立場を確認してください。スクリプトを見ながら、「あなた」のパートのときに、合図♪の後、【　】の中の言葉などを使って、相づちを打ったり、一緒に笑ったり、繰り返したりしてください。合図のないところでも、適当に相づちを入れてみましょう。　● 10-18

なりきりカード
・師匠が海外で落語を披露したときのエピソードを聞きたい。
・どんな国の人であっても、どんな文化であっても、笑いの文化に共通するところがあると思っている。

【　ふうん　　ええ、ええ　　最初から　　名人　】

あなた❶：その、何か、海外で、ほんとに日本語のわからない方たちとかにも、あの、落語をなさったことがあるって、おっしゃっておられましたけども、何かそのときのご苦労とか、ありますか。

師　匠①：あ、これはあのう、こういう活動する以前の話だったんですが、

　　　　　　　　　　　　　　　　　　　　　　　　　　　　　　　　　　　　　とてもよく笑ってくださいました。

あなた❷：♪ _____。

師　匠②：それは　　　　　　　　　　　　　　　　　　道具ですよね。

あなた❸：♪ _____。

師　匠③：あのう、言葉が先行して感情が伝わるのか、　　　　　🎧
　　　　　　　　　　🎧　　　　　🎧　　　　　　🎧
　　　　　　　　　　🎧　　　　　🎧　　　　　　🎧
　　　　　🎧　　　もう、てんから、あ、「最初っから」ですね（笑）。

あなた④：（笑）

師　匠④：こういう、こういう言葉が出ちゃうんですよ、「てんから」って。「『てんから』って何ですか」って、「最初っからですよ」って。

あなた⑤：🎵 ＿＿＿＿＿＿＿＿＿＿＿＿＿＿＿＿＿＿。

師　匠⑤：そう、最初から、そういうふうにですね、ウケる、ウケるなんて思ってなかったんですが、そしたら、要所要所で、こう、日本語、日本でやってるのと同じように笑ってくださるんで、あ、これは、「おお、なんだ、俺は名人か」と思ったり（笑）。

あなた⑥：🎵 それは＿＿＿＿＿＿＿＿＿＿＿＿＿＿＿＿。

師　匠⑥：いや、そんなことないです（笑）。

話してみよう

1. あなたは、落語に詳しい人にインタビューするとしたら、どんなことについて聞いてみたいですか。

2. 日本文化でほかに興味を持っているものはありますか。その日本文化のどんなことについて聞いてみたいですか。

生きた聞き取り

柳家さん喬師匠の落語「初天神」です。

「初天神」は、父親が息子を連れて、天神様（神社）にお参りに行く噺です。出かける前、息子は父親に、「『あれ買って』とか『これ買って』なんて言わない」と約束しますが、お参りに行く道の途中には、飴や団子、凧など、いろいろなものを売る屋台がいっぱい。さて、どうなるのでしょうか。

本物の落語を楽しみながら聞いてください。 10-19

- 天神：the shrine where Sugawara Michizane is enshrined
- 初天神：the first shrine festival of the year, [which father and child both attend]

飴　　　　　　　団子　　　　　　　凧

写真提供：ピクスタ

聞き取りトレーニング

→131ページ

聞き取りトレーニング

ユニット 1

1 (1)(2)の音声を聞きながら、＿＿に、ひらがな・カタカナ・漢字のどれか1文字を入れて文を完成させましょう。

(1) 行楽日和 01-19

えー、桜前線は平年より速いペースで北上を続けていて、今日、東京の桜が開花しました桜＿①＿開花するとだ＿②＿たい1週間ぐ＿③＿いで満開になって＿④＿頃を迎えます。そ＿⑤＿で気になるのが＿⑥＿地のお天気です＿⑦＿、この週末のお天＿⑧＿は晴れ、行楽日和＿⑨＿なりそうです。えー、＿⑩＿や山に出かけて＿⑪＿ぶのにちょうど＿⑫＿い、晴れたお天＿⑬＿ですね。お花見に＿⑭＿ょうどいいので、お＿⑮＿見日和とも言えそうです。

(2) 熱中症 01-20

えー、8月に入り、気温の高い日が続いています。＿①＿内の水分や塩＿②＿のバランスが、崩＿③＿て熱中症にな＿④＿やすいので、えー、喉＿⑤＿渇く前に小ま＿⑥＿に水分をとり、＿⑦＿中の外出は避＿⑧＿たほうがいい＿⑨＿しょうね。屋内でも＿⑩＿中症になります＿⑪＿で、えー、エアコン＿⑫＿適切に使うように＿⑬＿てください。え、＿⑭＿た、外出の＿⑮＿には紫外線が＿⑯＿いですから、＿⑰＿焼けにもご注意ください。はい。

2 (1)(2)の文を見ながら音声を聞いて、一緒に言いましょう。 01-19 01-20

3 (1)(2)の文を見ないで音声を聞いて、一緒に言いましょう。 01-19 01-20

ユニット 2

1 (1)(2)の音声を聞きながら、＿＿＿に、ひらがな・カタカナ・漢字のどれか1文字を入れて文を完成させましょう。

(1) 納豆 02-20

日本に来る前に、納豆を食べたことがありませんでした。日本人が朝ご飯の時に＿①＿べる発酵食品だ＿②＿いうのは知って＿③＿ましたが、ど＿④＿やって食べるの＿⑤＿、初めはちょっと＿⑥＿かりませんでした。＿⑦＿豆に醤油を垂＿⑧＿したあとで、箸で＿⑨＿回混ぜて、ねばね＿⑩＿にして食べることを初めて知りました。

(2) お麩のお吸い物 02-21

お麩という食べ物を知っていますか。おみそ汁とかお＿①＿い物に入れる＿②＿麦粉で作ったも＿③＿なんですが、イン＿④＿タントのお吸＿⑤＿物に入っているお＿⑥＿は、お湯を注ぐと、＿⑦＿わらかく、食べや＿⑧＿くなります。お麩＿⑨＿は丸とか、四角とか、＿⑩＿の形とか、いろいろな形があるんですよ。

2 (1)(2)の文を見ながら音声を聞いて、一緒に言いましょう。 02-20 02-21

3 (1)(2)の文を見ないで音声を聞いて、一緒に言いましょう。 02-20 02-21

ユニット 3

1 (1)(2)の音声を聞きながら、＿＿に、ひらがな・カタカナ・漢字のどれか1文字を入れて文を完成させましょう。

（1）セットメニュー 03-20

日本では多くの店で、定食をはじめとして、セットメニューが用意されています。和食の場合、焼＿①＿魚定食とか生姜焼き＿②＿食のように、肉や魚＿③＿、ご飯、漬物、味噌＿④＿のセットが一般＿⑤＿です。洋食の場合、A＿⑥＿ンチとかAセッ＿⑦＿というネーミン＿⑧＿で、メイン料理と、＿⑨＿ンかご飯、サラ＿⑩＿が付いていて、コー＿⑪＿ーや紅茶、デザート＿⑫＿で付いていると＿⑬＿ろもあります。＿⑭＿ットメニューは＿⑮＿養のバランスもよ＿⑯＿、値段もお手頃＿⑰＿ので、お薦めです。実＿⑱＿お店のほうも、＿⑲＿ットで頼んでく＿⑳＿たほうが時間や経費の節約になります。

（2）回転ずし 03-21

回転ずしというのは、客の目の前を回るレーンにすしを載せ、客が好きなすしを取って食べるスタイルの店のことです。＿①＿タによって値段＿②＿違う店もあり＿③＿すが、全部一皿100円＿④＿いう店もあります。＿⑤＿た、最近では、タッチ＿⑥＿ネルを利用する＿⑦＿も増えてきました。＿⑧＿分の座っている＿⑨＿ころの前にタッチ＿⑩＿ネルがあって、す＿⑪＿の写真を押して＿⑫＿文すると、そのす＿⑬＿が出てくるんです。＿⑭＿計のときは、皿に＿⑮＿いたバーコード＿⑯＿ICチップを読み＿⑰＿って、すぐに金額が＿⑱＿算される店もあります。

2 (1)(2)の文を見ながら音声を聞いて、一緒に言いましょう。 03-20 03-21

3 (1)(2)の文を見ないで音声を聞いて、一緒に言いましょう。 03-20 03-21

ユニット 4

1 (1)(2)の音声を聞きながら、＿＿に、ひらがな・カタカナ・漢字のどれか1文字を入れて文を完成させましょう。

(1) ご祝儀袋 04-20

ご祝儀袋を知っていますか。結婚式などお祝いの時にお金を入れる袋のことです。＿①＿筒のようで、そこ＿②＿「寿」などお祝いを＿③＿味する字が書か＿④＿た紙が付いて＿⑤＿ます。そして袋の＿⑥＿ん中には、赤と＿⑦＿などの細いひ＿⑧＿のような水引が＿⑨＿んであります。＿⑩＿の袋は、コンビ＿⑪＿などで買うことができます。

(2) ご祝儀袋のお金の入れ方 04-21

ご祝儀袋にはお祝いのお金をどのように入れるのでしょうか。ご祝儀袋＿①＿袋の中にもう一つ＿②＿筒が入っていて、＿③＿こにお金を入れます。＿④＿のとき、中の封筒＿⑤＿は、金額と自分の＿⑥＿前や住所を書き＿⑦＿入れます。ご祝儀袋＿⑧＿外には、水引を＿⑨＿けます。そして、＿⑩＿かに細長い紙も＿⑪＿緒に付いています＿⑫＿ら、その紙に自分の＿⑬＿前を筆ペンで書いて、＿⑭＿と水引の間に差し込みます。

2 (1)(2)の文を見ながら音声を聞いて、一緒に言いましょう。 04-20 04-21

3 (1)(2)の文を見ないで音声を聞いて、一緒に言いましょう。 04-20 04-21

ユニット 5

1 (1)(2)の音声を聞きながら、＿＿＿に、ひらがな・カタカナ・漢字のどれか1文字を入れて文を完成させましょう。

（1）自撮り 05-19

今、私がお薦めのものはこちらです。軽くて持ち運びしやすいですし、＿①＿撮りとかっていう＿②＿もしやすくなって＿③＿ります。ご家族や＿④＿達みんなと自分も＿⑤＿緒に入って、片手で＿⑥＿ることができる＿⑦＿ですよ。そして、手＿⑧＿れを抑えてくれる＿⑨＿能があるので、＿⑩＿手でもきれいに撮れますよ。

（2）一眼レフとミラーレス 05-20

カメラには大きく、コンパクトカメラと、ミラーレス、一眼レフがございます。一＿①＿レフでは、レン＿②＿を通して見える＿③＿のがそのままファ＿④＿ンダーを通して＿⑤＿えるんですが、これ＿⑥＿反射ミラーがある＿⑦＿めです。ミラーレ＿⑧＿はその言葉のとお＿⑨＿、この反射ミラーが＿⑩＿いので、液晶画面で＿⑪＿影しようとする＿⑫＿のを見ることに＿⑬＿ります。ミラー＿⑭＿スは一眼レフの＿⑮＿能を一部省略した＿⑯＿とでですね、まあ軽量＿⑰＿、つまり軽く＿⑱＿ることに成功した＿⑲＿言われているんですよ。

2 (1)(2)の文を見ながら音声を聞いて、一緒に言いましょう。 05-19 05-20

3 (1)(2)の文を見ないで音声を聞いて、一緒に言いましょう。 05-19 05-20

ユニット 6

1 (1)(2)の音声を聞きながら、＿＿に、ひらがな・カタカナ・漢字のどれか1文字を入れて文を完成させましょう。

(1) 金沢 06-18

石川県金沢市は、日本海に面する人口約47万人の町です。＿①＿然豊かで、昔からの＿②＿い街並みが今でも＿③＿く残っています。＿④＿戸時代の代表的な＿⑤＿園である兼六園＿⑥＿は、春の桜、秋の＿⑦＿葉の時期だけ＿⑧＿なく、冬も多くの観＿⑨＿客が訪れます。＿⑩＿本海の新鮮な＿⑪＿材が集まる近江町＿⑫＿場も旅行者に＿⑬＿気があります。伝＿⑭＿的な和菓子なども有名です。

(2) 忍者寺 06-19

石川県金沢市にある「妙立寺」は、建物の造りが複雑なことから「忍者寺」と呼ばれて人々に親しまれています。＿①＿入した敵をあざむ＿②＿ためにそのような＿③＿りになっており、＿④＿はまるで迷路＿⑤＿ようです。そこに＿⑥＿段があることが＿⑦＿からないような＿⑧＿し階段や、その上＿⑨＿通る人が気付か＿⑩＿に落ちてしまう＿⑪＿うな落とし穴など、驚＿⑫＿ような仕掛けが＿⑬＿多くあります。＿⑭＿れた際は、迷子に＿⑮＿らないように注意しましょう。

2 (1)(2)の文を見ながら音声を聞いて、一緒に言いましょう。 06-18 06-19

3 (1)(2)の文を見ないで音声を聞いて、一緒に言いましょう。 06-18 06-19

ユニット 7

1 (1)(2)の音声を聞きながら、＿＿＿に、ひらがな・カタカナ・漢字のどれか1文字を入れて文を完成させましょう。

(1) ジョブ・ローテーション 07-20

ジョブ・ローテーションというのは、計画的に社員をさまざまな部署に異動させることです。社員の職場を定＿＿①＿＿的に変え、いろい＿＿②＿＿な仕事を経験さ＿＿③＿＿ることによって、＿＿④＿＿員の能力開発を＿＿⑤＿＿うことを目的とし＿＿⑥＿＿います。この方法＿＿⑦＿＿よって、社員は経＿＿⑧＿＿を通していろいろ＿＿⑨＿＿視点で自分の仕＿＿⑩＿＿を見ることができ、＿＿⑪＿＿の仕事が自分に＿＿⑫＿＿うかを知ること＿＿⑬＿＿できます。また、＿＿⑭＿＿ンネリ化を避け＿＿⑮＿＿れるというメリットもあります。

(2) 社内レクリエーション 07-21

会社に勤めている人が会社の人たちみんなと温泉旅行に行った、というような話を聞いたことがありますか。社内レクリエー＿＿①＿＿ョンには、社員＿＿②＿＿行をはじめとして、＿＿③＿＿動会やお花見、ス＿＿④＿＿ーツ観戦などがあ＿＿⑤＿＿、多くの企業で行＿＿⑥＿＿れています。その＿＿⑦＿＿的は、社員同士の＿＿⑧＿＿睦を深め、チームワー＿＿⑨＿＿強化を図ったり、ほかの＿＿⑩＿＿署とのコミュニ＿＿⑪＿＿ーション不足を改＿＿⑫＿＿したりすること＿＿⑬＿＿す。社内レクリエー＿＿⑭＿＿ョンを行うことに＿＿⑮＿＿って、職場の雰囲＿＿⑯＿＿を良くし、生産性の＿＿⑰＿＿上に結び付くと考えられています。

2 (1)(2)の文を見ながら音声を聞いて、一緒に言いましょう。 07-20 07-21

3 (1)(2)の文を見ないで音声を聞いて、一緒に言いましょう。 07-20 07-21

ユニット 8

1 (1)(2)の音声を聞きながら、＿＿に、ひらがな・カタカナ・漢字のどれか1文字を入れて文を完成させましょう。

(1) 以心伝心 08-19

文字や言葉を使わなくても、心と心が通じ合っていて、考えていることがお互いにわかることを「以心伝心」といいます。＿①＿えば、非常に親＿②＿い友達がいて、＿③＿の子とは幼稚園＿④＿らの付き合いで＿⑤＿り、何を考えている＿⑥＿か、何を言おうと＿⑦＿ているのか、口に＿⑧＿すことがなくても＿⑨＿かるような場合、＿⑩＿の友達とは以心＿⑪＿心だと言えます。＿⑫＿人同士の場合、以＿⑬＿伝心で何でも理解＿⑭＿合えるほうがいい＿⑮＿いう考え方もある＿⑯＿しょうし、それで＿⑰＿つまらないと考え＿⑱＿人もいるかもしれませんね。

(2) 記念日 08-20

皆さんの国では、結婚記念日をお祝いしますか。日本でも、＿①＿治時代から少し＿②＿つお祝いする習＿③＿が広まって、今で＿④＿、結婚記念日に、＿⑤＿婦の間で毎年記念の＿⑥＿レゼントを贈ったり、＿⑦＿事をしたりする＿⑧＿慣が定着しています。＿⑨＿して最近では、カッ＿⑩＿ルの間でも、付き＿⑪＿い始めて1か月＿⑫＿、6か月目、1年目な＿⑬＿をお祝いするよう＿⑭＿なってきました。特＿⑮＿な所に出かけたり、＿⑯＿別な食事をしたり＿⑰＿るようです。ただ＿⑱＿、特に何もしない＿⑲＿いう人も多く、結＿⑳＿記念日ほどお祝＿㉑＿の習慣が定着してい＿㉒＿とは言えないようです。

2 (1)(2)の文を見ながら音声を聞いて、一緒に言いましょう。 08-19 08-20

3 (1)(2)の文を見ないで音声を聞いて、一緒に言いましょう。 08-19 08-20

ユニット 9

1 (1)～(3)の音声を聞きながら、＿＿＿に、ひらがな・カタカナ・漢字のどれか1文字を入れて文を完成させましょう。

(1) 落語 09-13

「落語」というのはですね、歌舞伎など、ほかの伝統芸能と違って、身振りと手振りのみで噺を進め、一人で何役をも演じます。＿＿①た、衣装や舞台装＿＿②などを極力使わず、＿＿③道具の扇子や＿＿④拭を使って、箸や＿＿⑤紙など、あらゆる＿＿⑥のを表現します。噺＿＿⑦と聴き手の想＿＿⑧力で世界が広がっ＿＿⑨いく、とてもシン＿＿⑩ルで身近な芸能です。

(2) オチ 09-14

落語は、噺の最後に「オチ」がつくのが特徴です。昔は、昔から伝わる話とか、まあ、お坊さんのお＿＿①教とか、そういう＿＿②のが落語の題材＿＿③なってたわけです。＿＿④の話の最後の面＿＿⑤い部分をごく＿＿⑥年、オチというよう＿＿⑦なりました。ごく＿＿⑧年、と言っても、＿＿⑨00年ぐらい前の＿＿⑩とです。言葉が落ち＿＿⑪、語りが落ちるとい＿＿⑫ことから、「オチ」＿＿⑬いう言葉が作られたと思いますね。

(3) しゃれ 09-15

「しゃれ」とは、ことば遊びの一種です。その場の流れに応じて「しゃれ」を使うことによって、＿＿①手を楽しませたり＿＿②わせたりするこ＿＿③ができます。特に＿＿④じ音や似た音を＿＿⑤用して、1つの表現＿＿⑥中に二重の意味を＿＿⑦めて使うものが＿＿⑧本的です。「この焼＿＿⑨は焼きにくい」＿＿⑩か、「布団がふっ＿＿⑪んだ」「本棚に置くのは＿＿⑫だな」。面白いですね。

2 (1)～(3)の文を見ながら音声を聞いて、一緒に言いましょう。 09-13 ～ 09-15

3 (1)～(3)の文を見ないで音声を聞いて、一緒に言いましょう。 09-13 ～ 09-15

ユニット 10

1 (1)～(3)の音声を聞きながら、＿＿に、ひらがな・カタカナ・漢字のどれか1文字を入れて文を完成させましょう。

(1) 師匠　🔊 10-20

学校の先生を呼ぶときに「先生」と呼びますね。それと同様に、＿＿①語家を呼ぶ際、＿＿②意を込めて「師匠」＿＿③呼びます。でも、「＿＿④匠」と呼んでもら＿＿⑤るのはベテランの＿＿⑥語家になって＿＿⑦らです。「寄席」と＿＿⑧う落語などを専＿＿⑨にやる劇場で、プロ＿＿⑩ラムの一番最後に＿＿⑪る資格を持つよう＿＿⑫落語家は「師匠」と＿＿⑬ばれます。師匠は、＿＿⑭分で弟子をとって＿＿⑮い落語家を育てることができます。

(2) 名人　🔊 10-21

あなたの周りには、何かがとても上手な人がいますか。その技＿＿①がその分野で優＿＿②ている人のことを「＿＿③人」と言います。＿＿④えば、つりが上手＿＿⑤たくさん魚をとるこ＿＿⑥ができ、つりを熟＿＿⑦している人なら、「＿＿⑧りの名人」と言う＿＿⑨とができますし、＿＿⑩語の世界で話が＿＿⑪まくて評判が＿＿⑫い人なら「落語の＿＿⑬人」と言うことが＿＿⑭きます。落語の名＿＿⑮ともなれば、声を＿＿⑯さなくてもしぐ＿＿⑰だけで何をしてい＿＿⑱のかすぐわかると言われています。

(3) 総合芸術　🔊 10-22

皆さんは、絵を見たり、音楽を聞いたり、文学や詩を読んだりすることはありますか。美＿＿①や、音楽、文芸などを＿＿②現する人と、それを＿＿③しむ人によって＿＿④り立つものを＿＿⑤術といいます。＿＿⑥れらを表現する＿＿⑦たちを芸術家と＿＿⑧びます。芸術の中に＿＿⑨、例えば、映画や＿＿⑩ペラのように、＿＿⑪楽と文芸、舞台＿＿⑫術、演劇など、それ＿＿⑬れの芸術が、調＿＿⑭、融合した形式の芸＿＿⑮があります。そう＿＿⑯ったさまざまな芸術が＿＿⑰合したものを「＿＿⑱合芸術」といいます。

2 (1)～(3)の文を見ながら音声を聞いて、一緒に言いましょう。🔊 10-20 ～ 🔊 10-22

3 (1)～(3)の文を見ないで音声を聞いて、一緒に言いましょう。🔊 10-20 ～ 🔊 10-22

語彙リスト

ユニット 1　始まりは桜から

桜　（さくら）

😊 聞く前に （p. 10）

1. 合わせる　（あわせる）
   アルバイト先　（アルバイトさき）
   仲間　（なかま）
   話しかける　（はなしかける）
   親しい　（したしい）
2. 四季　（しき）
   表現　（ひょうげん）

🎧 聞いてみよう （p. 011-013）

立場　（たちば）
確認　（かくにん）
話題　（わだい）

なりきりリスニング

1. 桜　（さくら）
   合図　（あいず）
   この辺　（このへん）
   末　（すえ）
   〜によって
   開花　（かいか）
   予想　（よそう）
   発表する　（はっぴょうする）
   全国　（ぜんこく）
   各地　（かくち）
   桜前線　（さくらぜんせん）
   結ぶ　（むすぶ）
   移動する　（いどうする）
   満開　（まんかい）
   辺り　（あたり）
2. ほんっとに　（＝ほんとうに）

寮　（りょう）
連日　（れんじつ）
猛暑　（もうしょ）
続き　（つづき）
熱中症　（ねっちゅうしょう）
続出　（ぞくしゅつ）
意識　（いしき）
やられる
小まめに　（こまめに）
水分　（すいぶん）
エアコン
熱帯夜　（ねったいや）

3. 冷え込む　（ひえこむ）
   最低　（さいてい）
   気温　（きおん）
   マイナス〜度　（マイナス〜ど）
   寒気　（かんき）
   シベリア
   流れ込む　（ながれこむ）
   ちらちら
   舞う　（まう）
   調子　（ちょうし）
   積もる　（つもる）
   雪だるま　（ゆきだるま）
   丸める　（まるめる）
   やつ

聞き返す練習をしよう （p. 013-014）

聞き返す　（ききかえす）
おしゃべり
繰り返す　（くりかえす）
聞き取れる　（ききとれる）
部分　（ぶぶん）
紅葉　（こうよう）

紅葉狩り（もみじがり）
春本番（はるほんばん）
お花見日和（おはなみびより）
見頃（みごろ）
中旬（ちゅうじゅん）
梅雨入り（つゆいり）
梅雨（つゆ）
残暑（ざんしょ）
初雪（はつゆき）

😊 聞いたあとで (p. 015-016)

なりきる
参加（さんか）
内容（ないよう）
参考（さんこう）
行事（ぎょうじ）
習わし（ならわし）

📖 語彙を増やそう (p. 017-018)

語彙（ごい）
増やす（ふやす）
行事（ぎょうじ）
① 食欲（しょくよく）
栗拾い（くりひろい）
水着（みずぎ）
海水浴（かいすいよく）
日焼けする（ひやけする）
採る（とる）
いちご狩り（いちごがり）
雪だるま（ゆきだるま）
こどもの日（こどものひ）
すがすがしい
紅葉（こうよう）
紅葉狩り（もみじがり）
積もる（つもる）
チーム

分かれる（わかれる）
雪合戦（ゆきがっせん）
ゆかた（ゆかた）
花火大会（はなびたいかい）
② 下線（かせん）
音声（おんせい）
行楽日和（こうらくびより）
桜前線（さくらぜんせん）
平年（へいねん）
ペース
北上（ほくじょう）
桜（さくら）
開花する（かいかする）
満開（まんかい）
見頃（みごろ）
そこで
野（の）
お花見日和（おはなみびより）
熱中症（ねっちゅうしょう）
気温（きおん）
体内（たいない）
水分（すいぶん）
塩分（えんぶん）
バランス
崩れる（くずれる）
小まめに（こまめに）
日中（にっちゅう）
外出（がいしゅつ）
避ける（さける）
屋内（おくない）
エアコン
適切に（てきせつに）
外出（がいしゅつ）
際（さい）
紫外線（しがいせん）
日焼け（ひやけ）
トレーニング

ユニット 2　食べる楽しみ

🎧 聞いてみよう（p. 021-023）

なりきりリスニング

1. 納豆（なっとう）
   発酵（はっこう）
   食品（しょくひん）
   混ぜる（まぜる）
   からかう
   垂らす（たらす）
   地方（ちほう）
   特徴（とくちょう）
   生卵（なまたまご）
   ねばねばする
   さらに
   生（なま）
   チャレンジする
   さすが
   パス
   勇気（ゆうき）
2. お麩（おふ）
   お吸い物（おすいもの）
   石川県（いしかわけん）
   すっごい（＝すごい）
   インスタント
   もみじ型（もみじがた）
   元（もと）
   お椀（おわん）
   注ぐ（そそぐ）
   溶ける（とける）
3. カニ
   合宿（がっしゅく）
   種類（しゅるい）
   ローストビーフ
   豪華な（ごうかな）
   マイ
   はさみ
   殻（から）
   身（み）
   取り出す（とりだす）
   組（くみ）
   分かれる（わかれる）
   はまる
   むしろ
   快感（かいかん）
   分（ぶん）

聞き返す練習をしよう（p. 024-025）

1. ホウレンソウ
   ゆでる
   ひき肉（ひきにく）
   ばらばら
   炒める（いためる）
   カップラーメン
2. 材料（ざいりょう）
   煮る（にる）
   漬物（つけもの）
   固形スープ（こけいスープ）
   とける
   回す（まわす）
   盛り付ける（もりつける）

📝 語彙を増やそう（p. 028-029）

1. 調理（ちょうり）
   納豆（なっとう）
   垂らす（たらす）
   フライパン
   炒める（いためる）
   煮る（にる）
   お椀（おわん）
   お味噌汁（おみそしる）
   注ぐ（そそぐ）
   ボウル
   混ぜる（まぜる）

カニ
身　（み）
取り出す　（とりだす）
ラップ
加熱する　（かねつする）
チンする
沸騰する　（ふっとうする）
ゆでる
2 発酵　（はっこう）
食品　（しょくひん）

数回　（すうかい）
ねばねば
お麩　（おふ）
味噌汁　（おみそしる）
吸い物　（おすいもの）
小麦粉　（こむぎこ）
インスタント
丸　（まる）
四角　（しかく）

ユニット 3　バイト体験（たいけん）

バイト
体験　（たいけん）

聞いてみよう （p. 033-035）

なりきりリスニング

1 クローク
スモック
やつ
突然　（とつぜん）
おかず
詰める　（つめる）
流れる　（ながれる）
担当　（たんとう）
食品　（しょくひん）
ほんとに
スピード
作業　（さぎょう）
そしたら　（＝そうしたら）
感じ　（かんじ）
同時に　（どうじに）
きつい
センスがある
おんなじ　（＝おなじ）
任す　（まかす）
絶対　（ぜったい）

具体的に　（ぐたいてきに）
2 カフェ
ミルク
メニュー
ちゃんと
お薦め　（おすすめ）
とっさに
ハンバーグサンド
ボリューム
シナモントースト
単品　（たんぴん）
セットメニュー
指す　（さす）
ジュース
オレンジジュース
主任　（しゅにん）
結局　（けっきょく）
対応する　（たいおうする）
注文　（ちゅうもん）
3 回転ずし　（かいてんずし）
厨房　（ちゅうぼう）
ひたすら
握る　（にぎる）
レーン
〜上　（〜じょう）
回転する　（かいてんする）

埋める　（うめる）
すべて
埋まる　（うまる）
理想　（りそう）
空き　（あき）
回す　（まわす）
チャンス
売り上げ　（うりあげ）
ネタ
モニター
確認　（かくにん）
トロ
サーモン
エビ
表示する　（ひょうじする）
ハイテク

聞き返す練習をしよう（p. 035-037）

[2]　ハムサンド
チーズトースト
ティーカップ
見分ける　（みわける）

聞いたあとで（p. 038-039）

同士　（どうし）
手伝い　（てつだい）
学ぶ　（まなぶ）

語彙を増やそう（p. 040-041）

[1]　担当　（たんとう）
ネタ
モニター
主任　（しゅにん）
メイン
バーコード
厨房　（ちゅうぼう）
セットメニュー

受け持つ　（うけもつ）
載せる　（のせる）
材料　（ざいりょう）
画面　（がめん）
商品　（しょうひん）
様子　（ようす）
職場　（しょくば）
まとめる
コース
セット
中心　（ちゅうしん）
示す　（しめす）
情報　（じょうほう）
デザート
組み合わせる　（くみあわせる）
メニュー

[2]　定食　（ていしょく）
和食　（わしょく）
焼き魚　（やきざかな）
生姜焼き　（しょうがやき）
漬物　（つけもの）
味噌汁　（みそしる）
一般的　（いっぱんてき）
洋食　（ようしょく）
ランチ
ネーミング
メイン料理　（メインりょうり）
付く　（つく）
栄養　（えいよう）
バランス
手頃　（てごろ）
お薦め　（おすすめ）
実は　（じつは）
経費　（けいひ）
節約　（せつやく）
回転ずし　（かいてんずし）
目の前　（めのまえ）
回る　（まわる）
レーン

スタイル
ネタ
タッチパネル
注文する　（ちゅうもんする）
会計　（かいけい）

ICチップ　（アイシーチップ）
読み取る　（よみとる）
金額　（きんがく）
計算する　（けいさんする）

ユニット 4　結婚のお祝い（けっこん　いわ）

お祝い　（おいわい）

😊 聞く前に（p. 044）

1. 結婚式　（けっこんしき）
   贈る　（おくる）
2. 様子　（ようす）

🎧 聞いてみよう（p. 045-047）

なりきりリスニング

1. 招待　（しょうたい）
   従う　（したがう）
   金額　（きんがく）
   しわ
   ピン札　（ピンさつ）
   お札　（おさつ）
   つらい
   生活費　（せいかつひ）
   縁起　（えんぎ）
   奇数　（きすう）
   偶数　（ぐうすう）
2. ご祝儀袋　（ごしゅうぎぶくろ）
   コンビニ
   寿　（ことぶき）
   水引　（みずひき）
   紅白　（こうはく）
   ひも
   結ぶ　（むすぶ）
   文房具屋　（ぶんぼうぐや）
   袋　（ふくろ）

   巻く　（まく）
   表　（おもて）
   裏　（うら）
   筆ペン　（ふでペン）
   差し込む　（さしこむ）
3. 贈る　（おくる）
   キッチン
   おしゃれ
   ご縁　（ごえん）
   離婚　（りこん）
   イメージ
   割れ物　（われもの）
   避ける　（さける）
   ペア
   ワイングラス
   親しい　（したしい）

聞き返す練習をしよう（p. 048-049）

1. のし紙　（のしがみ）
2. 鶴　（つる）

📝 語彙を増やそう（p. 052-053）

1. ご祝儀袋　（ごしゅうぎぶくろ）
   のし紙　（のしがみ）
   包装紙　（ほうそうし）
   寿　（ことぶき）
   シール
   水引　（みずひき）
   ピン札　（ピンさつ）
   筆ペン　（ふでペン）

お祝い（おいわい）
書道（しょどう）
筆（ふで）
リボン
お札（おさつ）
新札（しんさつ）
糊（のり）
貼り付ける（はりつける）
2 ご祝儀袋（ごしゅうぎぶくろ）

結婚式（けっこんしき）
寿（ことぶき）
ひも
結ぶ（むすぶ）
袋（ふくろ）
コンビニ
金額（きんがく）
細長い（ほそながい）
差し込む（さしこむ）

ユニット 5　買う楽しみ

聞く前に (p. 056)

1 一眼レフカメラ（いちがんレフカメラ）
  ミラーレスカメラ
  コンパクトカメラ
  スマートフォン
  スマホ
2 風景（ふうけい）
  人物（じんぶつ）
  植物（しょくぶつ）
  動物（どうぶつ）

聞いてみよう (p. 057-059)

家電量販店（かでんりょうはんてん）

なりきりリスニング

1 スマホ
  済ます（すます）
  物足りない（ものたりない）
  主に（おもに）
  対象物（たいしょうぶつ）
  人物（じんぶつ）
2 手ぶれ（てぶれ）
  SNS（エスエヌエス）
  アップ
  お薦め（おすすめ）

望遠機能（ぼうえんきのう）
自撮り（じどり）
向ける（むける）
片手（かたて）
左右（さゆう）
範囲（はんい）
他社（たしゃ）
ぶれ
補正機能（ほせいきのう）
ぶれる
直接（ちょくせつ）
共有（きょうゆう）
3 一眼レフ（いちがんレフ）
  ミラーレス
  ミラー
  レンズ
  通す（とおす）
  ファインダー
  反射ミラー（はんしゃミラー）
  液晶画面（えきしょうがめん）
  撮影（さつえい）
  機能（きのう）
  一部（いちぶ）
  省略（しょうりゃく）
  軽量化（けいりょうか）
  成功（せいこう）
  交換レンズ（こうかんレンズ）

重量感 （じゅうりょうかん）
被写体 （ひしゃたい）
安定 （あんてい）
ピント合わせ （ピントあわせ）
星空 （ほしぞら）
本格的に （ほんかくてきに）
ぼかし
効く （きく）
プロ
手軽に （てがるに）
持ち運ぶ （もちはこぶ）
コンパクトカメラ

聞き返す練習をしよう (p. 060-061)

1. 聞き慣れない （ききなれない）
   一部分 （いちぶぶん）
   画面 （がめん）
2. 機種 （きしゅ）
   ご覧になる （ごらんになる）

語彙を増やそう (p. 064-065)

1. コンパクトカメラ
   ミラーレスカメラ
   一眼レフカメラ （いちがんレフカメラ）
   手ぶれ （てぶれ）
   液晶画面 （えきしょうがめん）
   望遠レンズ （ぼうえんレンズ）
   ファインダー
   自撮り （じどり）

ズーム機能 （ズームきのう）
小型 （こがた）
デジタルカメラ
一眼レフ （いちがんレフ）
反射ミラー （はんしゃミラー）
レンズ
ぼかし
効く （きく）
プロ
シャッター
ぼやける
写る （うつる）
ミラーレス
画面 （がめん）
通す （とおす）
対象物 （たいしょうぶつ）
確認する （かくにんする）

2. 自撮り （じどり）
   お薦め （おすすめ）
   持ち運び （もちはこび）
   片手 （かたて）
   手ぶれ （てぶれ）
   抑える （おさえる）
   機能 （きのう）
   液晶画面 （えきしょうがめん）
   撮影する （さつえいする）
   一部 （いちぶ）
   省略 （しょうりゃく）
   軽量化 （けいりょうか）

ユニット 6　旅する楽しみ

旅する （たびする）

聞く前に (p. 068)

1. アナウンス
   情報 （じょうほう）

2. 観光地 （かんこうち）

聞いてみよう (p. 069-071)

なりきりリスニング

1. 金沢 （かなざわ）

兼六園　（けんろくえん）
朝焼け　（あさやけ）
俺　（おれ）
やっぱ　（＝やはり）
庭園　（ていえん）
開園　（かいえん）
無料　（むりょう）
解放　（かいほう）
宿　（やど）
早起きする　（はやおきする）
日の出　（ひので）
薄暗い　（うすぐらい）
絶対　（ぜったい）
意外と　（いがいと）
地元　（じもと）
観光客　（かんこうきゃく）
あんま　（＝あまり）
ざわざわ
落ち着く　（おちつく）
眺望台　（ちょうぼうだい）
〜によって
感じ　（かんじ）
2 忍者　（にんじゃ）
迷路　（めいろ）
すっごい　（＝すごい）
そんなに
造り　（つくり）
いろんな
仕掛け　（しかけ）
あんまり　（＝あまり）
上る　（のぼる）
迷う　（まよう）
ほんとに
見学　（けんがく）
絶対　（ぜったい）
落とし穴　（おとしあな）
隠し階段　（かくしかいだん）
3 ビジネスホテル
とにかく

抑える　（おさえる）
ぜいたくする
半額　（はんがく）
食う　（くう）
スタイル
基本　（きほん）
ゲストハウス
旅先　（たびさき）
リビング
旅　（たび）
交換　（こうかん）
現地　（げんち）
仲良く　（なかよく）
付き合い　（つきあい）

聞き返す練習をしよう （p. 072-073）

移動　（いどう）
1 新幹線　（しんかんせん）
かがやき
〜号　（〜ごう）
〜行き　（〜いき）
ホーム
〜上　（〜じょう）
安全　（あんぜん）
確認　（かくにん）
少々　（しょうしょう）
発車　（はっしゃ）
見込み　（みこみ）
列車　（れっしゃ）
迷惑　（めいわく）
待たせる　（またせる）
先ほど　（さきほど）
踏切　（ふみきり）
立ち入る　（たちいる）
一時　（いちじ）
見合わせ　（みあわせ）
現在　（げんざい）
再開　（さいかい）
遅れが出る　（おくれがでる）

申し訳ない　（もうしわけない）
ただ今　（ただいま）
横浜　（よこはま）
車両　（しゃりょう）
点検　（てんけん）
影響　（えいきょう）
東海道線　（とうかいどうせん）
お急ぎ　（おいそぎ）
誠に　（まことに）
2 ～発　（～はつ）
上野　（うえの）
当～　（とう～）
到着　（とうちゃく）

😊 聞いたあとで (p. 074-075)

訪れる　（おとずれる）
印象　（いんしょう）
思い出　（おもいで）

📝 語彙を増やそう (p. 076-077)

1 迷路　（めいろ）
旅先　（たびさき）
ゲストハウス
ビジネスホテル
落とし穴　（おとしあな）
造り　（つくり）
無料　（むりょう）
開放　（かいほう）
仕掛け　（しかけ）
普段　（ふだん）
入場料　（にゅうじょうりょう）
ただ
出入り　（ではいり）
様子　（ようす）
一度　（いちど）
出張する　（しゅっちょうする）
～向け　（～むけ）

一般的に　（いっぱんてきに）
料金　（りょうきん）
宿泊　（しゅくはく）
宿　（やど）
キッチン
シャワールーム
共同　（きょうどう）
使用する　（しようする）
他人　（たにん）
目的　（もくてき）
仕組み　（しくみ）
地面　（じめん）
床　（ゆか）
穴　（あな）
気づく　（きづく）
2 石川県　（いしかわけん）
金沢市　（かなざわし）
日本海　（にほんかい）
面する　（めんする）
約　（やく）
自然　（しぜん）
豊かで　（ゆたかで）
街並み　（まちなみ）
江戸時代　（えどじだい）
代表的な　（だいひょうてきな）
庭園　（ていえん）
兼六園　（けんろくえん）
桜　（さくら）
紅葉　（こうよう）
時期　（じき）
多くの　（おおくの）
観光客　（かんこうきゃく）
訪れる　（おとずれる）
新鮮な　（しんせんな）
食材　（しょくざい）
集まる　（あつまる）
近江町市場　（おうみちょういちば）
旅行者　（りょこうしゃ）
人気　（にんき）

伝統的な　（でんとうてきな）
和菓子　（わがし）
妙立寺　（みょうりゅうじ）
忍者　（にんじゃ）
人々　（ひとびと）
親しむ　（したしむ）
侵入　（しんにゅう）
敵　（てき）

あざむく
まるで
隠し階段　（かくしかいだん）
落とし穴　（おとしあな）
数多い　（かずおおい）
際　（さい）
迷子　（まいご）

ユニット 7　会社の話を聞く

🎧 聞いてみよう （p. 081-083）

就職　（しゅうしょく）
活動　（かつどう）

なりきりリスニング

1　尋ねる　（たずねる）
　残業　（ざんぎょう）
　手当　（てあて）
　あんまり　（＝あまり）
　以降　（いこう）
　深夜　（しんや）
　労働　（ろうどう）
　つまり
　給料　（きゅうりょう）
　最低　（さいてい）
　〜割　（〜わり）
　〜分　（〜ぶ）
　〜増し　（〜まし）
　割り増し　（わりまし）
　社員　（しゃいん）
　結局　（けっきょく）
　影響　（えいきょう）
　そんなに
　全体　（ぜんたい）
　翌日　（よくじつ）
2　営業部　（えいぎょうぶ）
　異動　（いどう）

　ジョブ・ローテーション
　部署　（ぶしょ）
　印象　（いんしょう）
　いろんな
　プログラム
　開発　（かいはつ）
　判断する　（はんだんする）
　総合的に　（そうごうてきに）
3　社内　（しゃない）
　レクリエーション
　詳しい　（くわしい）
　参加する　（さんかする）
　支社　（ししゃ）
　〜ごと
　運動会　（うんどうかい）
　ディズニーランド
　ショー
　開催する　（かいさいする）
　イベント
　温泉　（おんせん）
　合わせる　（あわせる）
　日帰り　（ひがえり）
　土日　（どにち）
　補助　（ほじょ）
　抵抗　（ていこう）
　顔なじみ　（かおなじみ）
　知り合い　（しりあい）

聞き返す練習をしよう (p. 084-085)

1. 応じる（おうじる）
   付く（つく）
2. 有給（ゆうきゅう）
   休暇（きゅうか）
   繰り越せる（くりこせる）
   最高（さいこう）
   連続（れんぞく）
   同期（どうき）
   入社（にゅうしゃ）
   基本給（きほんきゅう）
   勤務（きんむ）
   差（さ）
   子育て（こそだて）
   短時間（たんじかん）
   勤務（きんむ）

聞いたあとで (p. 086-087)

交流（こうりゅう）

語彙を増やそう (p. 088-089)

1. 異動（いどう）
   有給（ゆうきゅう）
   休暇（きゅうか）
   育休（いくきゅう）
   社内（しゃない）
   レクリエーション
   部署（ぶしょ）
   就業（しゅうぎょう）
   基本給（きほんきゅう）
   残業（ざんぎょう）
   職場（しょくば）
   支払う（しはらう）
   手当（てあて）
   含む（ふくむ）
   賃金（ちんぎん）
   中心（ちゅうしん）
   社員（しゃいん）
   同士（どうし）
   担当する（たんとうする）
   地位（ちい）
   一定（いってい）
   期間（きかん）
2. ジョブ・ローテーション
   部署（ぶしょ）
   定期的に（ていきてきに）
   経験する（けいけんする）
   〜によって
   能力（のうりょく）
   開発（かいはつ）
   目的（もくてき）
   方法（ほうほう）
   人事（じんじ）
   〜を通して（〜をとおして）
   視点（してん）
   マンネリ化（マンネリか）
   避ける（さける）
   メリット
   勤める（つとめる）
   温泉（おんせん）
   運動会（うんどうかい）
   観戦（かんせん）
   多く（おおく）
   企業（きぎょう）
   親睦（しんぼく）
   深める（ふかめる）
   チームワーク
   強化（きょうか）
   図る（はかる）
   コミュニケーション
   不足（ふそく）
   改善する（かいぜんする）
   雰囲気（ふんいき）
   生産性（せいさんせい）
   向上する（こうじょうする）

結び付く　（むすびつく）

ユニット 8　恋の話（こい）

恋　（こい）

😊 聞く前に (p. 092)

1. 異性　（いせい）
   存在　（そんざい）
2. 付き合う　（つきあう）
   パートナー

🎧 聞いてみよう (p. 093-095)

なりきりリスニング

1. 男女　（だんじょ）
   友情　（ゆうじょう）
   成立　（せいりつ）
   こいつ
   やつ
   相手　（あいて）
   幸せ　（しあわせ）
   ありがたい
   本音　（ほんね）
   ズバッと
   ちゃんと
   助かる　（たすかる）
   女子　（じょし）
   気を使う　（きをつかう）
   隠す　（かくす）
   そこで
   やっぱ　（＝やはり）
2. 恋人　（こいびと）
   〜として
   段階　（だんかい）
   始まり　（はじまり）
   とりあえず
   スタートライン

　　だって
　　記念日　（きねんび）
　　お互い　（おたがい）
　　思い　（おもい）
　　一致する　（いっちする）
3. 理解する　（りかいする）
　　心地いい　（ここちいい）
　　トピック
　　価値観　（かちかん）
　　違い　（ちがい）
　　離婚する　（りこんする）
　　しかも
　　共通　（きょうつう）
　　感じる　（かんじる）
　　以心伝心　（いしんでんしん）
　　気持ちいい　（きもちいい）
　　俺　（おれ）
　　逆に　（ぎゃくに）
　　倦怠期　（けんたいき）
　　パズル
　　ピース
　　はまる
　　イラっとする

聞き返す練習をしよう (p. 095-096)

1. 恋愛　（れんあい）
   〜に関する　（〜にかんする）
   ポイント
   友情　（ゆうじょう）
   成立　（せいりつ）
   実は　（じつは）
   気になる　（きになる）
2. 思い切る　（おもいきる）
   そしたら
   突然　（とつぜん）

仲良い　（なかよい）
瞬間　（しゅんかん）
避ける　（さける）
留学する　（りゅうがくする）
遠距離　（えんきょり）
出会う　（であう）
アタックする

📝 語彙を増やそう （p. 099-100）

1. 付き合う　（つきあう）
   本音　（ほんね）
   イラッとする
   価値観　（かちかん）
   倦怠期　（けんたいき）
   気を使う　（きをつかう）
   心地いい　（ここちいい）
   ズバッと
   迷う　（まよう）
   ストレス
   快適　（かいてき）
   状態　（じょうたい）
   相手　（あいて）
   立場　（たちば）
   恋人　（こいびと）

同士　（どうし）
夫婦　（ふうふ）
お互いに　（おたがいに）
飽きる　（あきる）
時期　（じき）
見方　（みかた）
落ち着く　（おちつく）
考え　（かんがえ）
デートする
文字　（もじ）
通じ合う　（つうじあう）

2. 以心伝心　（いしんでんしん）
   非常に　（ひじょうに）
   親しい　（したしい）
   幼稚園　（ようちえん）
   理解し合う　（りかいしあう）
   結婚記念日　（けっこんきねんび）
   明治時代　（めいじじだい）
   広まる　（ひろまる）
   記念　（きねん）
   贈る　（おくる）
   定着する　（ていちゃくする）
   カップル
   ただし

ユニット 9　笑う楽しみ

😊 聞く前に （p. 102）

1. プロ
   コメディアン
2. 落語　（らくご）

📝 語彙を増やそう （p. 103-104）

1. 歌舞伎　（かぶき）
   伝統芸能　（でんとうげいのう）
   身振り　（みぶり）

手振り　（てぶり）
噺　（はなし）
進める　（すすめる）
何役　（なんやく）
演じる　（えんじる）
衣装　（いしょう）
舞台装置　（ぶたいそうち）
極力　（きょくりょく）
小道具　（こどうぐ）
扇子　（せんす）
手拭　（てぬぐい）

あらゆる
表現　（ひょうげん）
噺家　（はなしか）
聞き手　（ききて）
想像力　（そうぞうりょく）
広がる　（ひろがる）
シンプル
身近な　（みぢかな）
芸能　（げいのう）

2　オチ
特徴　（とくちょう）
昔　（むかし）
伝わる　（つたわる）
お坊さん　（おぼうさん）
お説教　（おせっきょう）
題材　（だいざい）
部分　（ぶぶん）
ごく
近年　（きんねん）
語り　（かたり）

3　しゃれ
一種　（いっしゅ）
場　（ば）
流れ　（ながれ）
応じる　（おうじる）
〜によって
相手　（あいて）
二重　（にじゅう）
込める　（こめる）
基本的　（きほんてき）
焼肉　（やきにく）
ふっとぶ

聞いてみよう （p. 105-107）

噺家　（はなしか）
師匠　（ししょう）
小噺　（こばなし）
オチ

しゃれ
含む　（ふくむ）
落語　（らくご）
役　（やく）
演じる　（えんじる）

小噺
1　ねずみ
鳴き声　（なきごえ）
音読み　（おんよみ）
大　（だい）
中　（ちゅう）
小　（しょう）
てえした　（＝たいした）
言い合う　（いいあう）

2　ピカソ
画家　（がか）
姿　（すがた）
映す　（うつす）
素敵　（すてき）
ルノワール
奥様　（おくさま）
ゴヤ
ユトリロ
さよう

3　うなぎ
かば焼き　（かばやき）
和食　（わしょく）
洋食　（ようしょく）
養殖　（ようしょく）
食用　（しょくよう）
貝　（かい）
人工的に　（じんこうてきに）
天然　（てんねん）
うなぎ屋　（うなぎや）

聞いたあとで （p. 108-110）

展覧会　（てんらんかい）
酔っ払い　（よっぱらい）

ユニット 10 落語家にインタビュー

落語家 （らくごか）

😊 聞く前に (p. 112)

1. 落語 （らくご）
2. 言語 （げんご）
   インタビュー
   インタビュアー

📝 語彙を増やそう (p. 113-114)

1. 字面 （じづら）
   噺家 （はなしか）
   完結する （かんけつする）
   語り （かたり）
   しぐさ
   ウケる
   打ち崩す （うちくずす）
   落語家 （らくごか）
   落語 （らくご）
   職業 （しょくぎょう）
   文字 （もじ）
   表面的な （ひょうめんてきな）
   ドラマ
   物語 （ものがたり）
   場面 （ばめん）
   動作 （どうさ）
2. 師匠 （ししょう）
   同様に （どうように）
   敬意 （けいい）
   込める （こめる）
   ベテラン
   寄席 （よせ）
   劇場 （げきじょう）
   プログラム
   資格 （しかく）
   弟子 （でし）

名人 （めいじん）
技能 （ぎのう）
分野 （ぶんや）
優れる （すぐれる）
釣り （つり）
熟知 （じゅくち）
評判 （ひょうばん）
しぐさ
総合芸術 （そうごうげいじゅつ）
文学 （ぶんがく）
美術 （びじゅつ）
文芸 （ぶんげい）
成り立つ （なりたつ）
芸術 （げいじゅつ）
芸術家 （げいじゅつか）
オペラ
舞台 （ぶたい）
演劇 （えんげき）
調和 （ちょうわ）
融合 （ゆうごう）
形式 （けいしき）
さまざまな

🎧 聞いてみよう (p. 115-117)

なりきりリスニング

1. 落語 （らくご）
   自体 （じたい）
   近年 （きんねん）
   噺 （はなし）
   咄 （はなし）
   咄 （とつ）
   飛び出す （とびだす）
   商品化 （しょうひんか）
   よそ様 （よそさま）
   落語家 （らくごか）
   噺家 （はなしか）

区別　（くべつ）
創り出す　（つくりだす）
オチ
完結　（かんけつ）
ごく近年　（ごくきんねん）
御伽衆　（おとぎしゅう）
俗に　（ぞくに）
お坊さん　（おぼうさん）
お説教　（おせっきょう）
題材　（だいざい）
大成する　（たいせいする）
作り替える　（つくりかえる）

2　披露　（ひろう）
ご苦労　（ごくろう）
活動　（かつどう）
以前　（いぜん）
いわゆる
語り　（かたり）
いっさい
各国　（かっこく）
パワーポイント
俗に　（ぞくに）
訳　（やく）
字面　（じづら）
追う　（おう）
団子　（だんご）
作業　（さぎょう）
感情　（かんじょう）
ある種　（あるしゅ）
先行　（せんこう）
入れ替え　（いれかえ）
伝わる　（つたわる）
てんから
ストーリー
ウケる
しゃべる

やりとり
俺　（おれ）
要所　（ようしょ）
名人　（めいじん）
工夫　（くふう）
聴衆　（ちょうしゅう）

3　死神　（しにがみ）
先ほど　（さきほど）
きっちりと
ある程度　（あるていど）
母語話者　（ぼごわしゃ）
同士　（どうし）
全体的な　（ぜんたいてきな）
しぐさ
成り立つ　（なりたつ）
総合芸術　（そうごうげいじゅつ）
共通　（きょうつう）
逆に　（ぎゃくに）
概念　（がいねん）
見事　（みごと）
打ち崩す　（うちくずす）
どうせ
反応　（はんのう）

😊 聞いたあとで (p. 118-120)

父親　（ちちおや）
連れる　（つれる）
神社　（じんじゃ）
お参り　（おまいり）
噺　（はなし）
飴　（あめ）
団子　（だんご）
凧　（たこ）
屋台　（やたい）

あとがき

　本書は、2012年に出版した『新・生きた素材で学ぶ中級から上級への日本語』に続く「生きた日本語」の学習のさらなる発展をめざして編纂したリスニング教材です。何をもって「生きた」というのか、これは大変難しい問題ですが、耳に入ってくる日本語が「生きた」ものであるためには、それが自然なものであることに加え、聞く人にとってそれが何らかの「関わり」があるものでなければなりません。本書は、この点を最も重要なポイントとして作り上げたリスニング教材です。中級レベルの能力を持った日本語学習者がより深い「関わり」を持ち、さらに上級の日本語へと能力を伸ばしていける「生きた」日本語の習得をめざしました。会話の中に登場する人物に「なりきる」のも、その人物との関わりを保証する重要な手段だからです。本書は実際の生の会話をもとに作られていますが、そうかといって、実際に録音したものをそのまま手を加えずに使用するということはしませんでした。それは、そこに登場した生の人物に学習者を「同一化」させることは理論的にも不可能なことであり、しかし、完全に「同一化」してその現場に実際にいない限り理解し得ない要素が含まれてくるという理由からです。ただし、それらの教材のもとになった生の会話もいくつか聞けるようにしてありますので、「生」がどういうものであるかを実感していただけると思います。

　「関わり」を持つために必要なこととしては、当然、その人にとって興味深いものであること、さらに深く知りたくなるような内容のものであること、また、何らかの工夫（ストラテジー）を行えば理解できるようになる日本語であること、などが挙げられます。それには、ただ「聞く」という受身的な聞き方をするのではなく、わかったことは表明し、わからない点があれば積極的に「聞き返し」、わからない点を自分がわかるように相手に話し直させるストラテジーの訓練が必要です。聞き手が「聞き返す」ことで、むしろ、「話し手」になる、そのようなストラテジーを駆使することで「生きた会話」が学べる教材となっています。

　このように新しい考えに基づいたリスニング教材ですが、もちろん、多くの方々からの協力なくして実現することはできませんでした。ユニット9とユニット10では、筑波大学教授酒井たか子先生を介し、落語家柳家さん喬師匠が「生」で登場してくださり、本書をより「生きた」ものにしてくださいました。このほか、特にお世話になった方々のお名前を別途挙げさせていただきました。この場を借りて深くお礼を申し上げます。

また、最後になりましたが、ジャパンタイムズ日本語出版編集部の関戸千明さん、岡本江奈さんには、1998年に最初の『生きた素材による中級から上級への日本語』を世に出した時から、次のプロジェクトとしてこのリスニング教材のことを考え始めて20年近く経った今、やっとの思いで終えることができたこと、感謝の念に絶えません。
　本書が多少なりとも日本語教育の発展に役立つことを切望しています。

2016年春

鎌田修（監修）

奥野由紀子

金庭久美子

山森理恵

ご協力いただいた皆様（五十音順・敬称略）

阿部駿・李舜炯・井上正子・呉佳穎・金庭亜季・加納廉
金蘭美・玉小・久野由宇子・窪田源史・佐藤述人・白鳥文子
武田佳梨・谷石桃華・張卉娟・永瀬愛理・服部真拓・本間美乃莉
望月春希・山崎奈津子・渡辺真由子・Borkhuu Khishigsuren

監修者略歴

鎌田 修（かまだ おさむ）
米国マサチューセッツ大学大学院博士課程修了。博士（教育学）。アムハーストカレッジ、アイオワ大学、京都外国語大学、南山大学教授を経て、2018年3月定年退職後、特任研究員。日本語プロフィシェンシー研究学会会長。1991年よりACTFL OPI試験官トレーナー。『生きた素材で学ぶ 新・中級から上級への日本語』『リアルな会話で学ぶ にほんご初中級リスニング Alive』（共著／ジャパンタイムズ出版）、『日本語プロフィシェンシー研究の広がり』（監修代表／ひつじ書房）、『プロフィシェンシーを育てる』『OPIによる会話能力の評価』（編著／凡人社）等著書多数。

著者略歴

奥野 由紀子（おくの ゆきこ）
広島大学大学院教育学研究科博士課程後期修了。博士（教育学）。東京都立大学教授。著書に『リアルな会話で学ぶ にほんご初中級リスニング Alive』（共著／ジャパンタイムズ出版）、『第二言語習得過程における言語転移の研究』（風間書房）、『超基礎・第二言語習得研究』（編著者／くろしお出版）、『日本語教育のためのタスク別書き言葉コーパス』『日本語プロフィシェンシー研究の広がり』（共著／ひつじ書房）、『日本語教師のためのCLIL入門』（編著者／凡人社）等。2001年、ACTFL OPI試験官資格取得。

金庭 久美子（かねにわ くみこ）
埼玉大学大学院文化科学研究科博士後期課程修了。博士（学術）。目白大学外国語学部教授。著書に『リアルな会話で学ぶ にほんご初中級リスニング Alive』『生きた素材で学ぶ 新・中級から上級への日本語 ワークブック』（共著／ジャパンタイムズ出版）、『実践日本語教育スタンダード』『日本語教育のためのタスク別書き言葉コーパス』（共著／ひつじ書房）等。2003年、ACTFL OPI試験官資格取得。

山森 理恵（やまもり みちえ）
南山大学大学院外国語学研究科日本語教育専攻修士課程修了。修士（日本語教育）。明治大学国際連携機構特任准教授。著書に『リアルな会話で学ぶ にほんご初中級リスニング Alive』『生きた素材で学ぶ 新・中級から上級への日本語 ワークブック』（共著／ジャパンタイムズ出版）、『日本語教育への道しるべ 第2巻 ことばのしくみを知る』（共著／凡人社）等。2006年、ACTFL OPI試験官資格取得。

生きた会話を学ぶ 中級から上級への日本語なりきりリスニング
Role-based Listening: Progressing from Intermediate to Advanced Japanese

2016年 4月 5日　初版発行
2024年10月20日　第4刷発行

著　者	鎌田修／奥野由紀子／金庭久美子／山森理恵
	©Osamu Kamada, Yukiko Okuno, Kumiko Kaneniwa & Michie Yamamori, 2016
発行者	伊藤秀樹
発行所	株式会社 ジャパンタイムズ出版
	〒102-0082 東京都千代田区一番町2-2　一番町第二TGビル 2F
	ウェブサイト　https://jtpublishing.co.jp
印刷所	日経印刷株式会社

本書の内容に関するお問い合わせは、上記ウェブサイトまたは書面でお受けいたします。
定価は表紙に表示してあります。
万一、乱丁落丁のある場合は、送料当社負担でお取り替えいたします。（株）ジャパンタイムズ出版・出版営業部あてにお送りください。

Printed in Japan　ISBN978-4-7890-1566-0

生・き・た・会・話・を・学・ぶ

中級から上級への
日本語なりきりリスニング

鎌田 修
Osamu Kamada
[監修]

奥野 由紀子
Yukiko Okuno

金庭 久美子
Kumiko Kaneniwa

山森 理恵
Michie Yamamori
[著]

Role-based Listening:
Progressing from Intermediate to
Advanced Japanese

[別冊]
解答とスクリプト

解答とスクリプト

ユニット 1　始まりは桜から

🎧 聞いてみよう

なりきりリスニング ①　01-01　01-02

あなた❶：桜って、いつごろ咲きますか。まだ早いかな。

店の人①：そうね。もうちょっと先だわね。まあ、この辺だと今月の末ごろかしら。

❷：あー、今月の終わりですか。

②：ええ、でも、年によって違うから。テレビとかで開花予想が発表されてるから、それ見たらいいわよ。

❸：ん、えっと、「かいかよそう」?

③：うん、そう。全国各地の桜が咲く日の、予想が発表されてるから。桜前線の予想がね。

❹：え、「さくらぜんせん」?

④：そうよ。日本地図に、桜の開花予想日を線で結んで、地図に書いたの、見たことない？　うん、その線を「桜前線」って言うんだけどね、桜は、ほら、南から咲き始めて、だんだん北のほうも咲いていくから、桜前線も北へと移動するのよ。それ見るといつごろ咲くかわかるから。開花したら、だいたい1週間ぐらいで満開よ。天気のいい日にお弁当持ってお花見、いいわよね。

❺：じゃあ、桜前線を見たら、だいたいいつお花見に行ったらいいかわかるんですね。

答え：b

●解答例：（1）年によって違いますが、今月の末ごろではないかと言っています。（2）日本地図に、各地の桜の開花予想日を書いて結んだ線のことです。

なりきりリスニング ②　01-03　01-04

運転手①：はい、どちらまで。

あなた❶：あ、横浜大学のさくら寮までお願いします。

②：はい、わかりました。留学生さん?

❷：あ、はい、この春、日本に来ました。日本の夏って暑いですね。タクシーの中は冷えていて気持ちがいいです。

③：いやあ、ほんっとに連日、猛暑続きですからね。タクシーの中ぐらい涼しくしておかないと。そう言えばニュースで言ってましたけど、熱中症で病院へ運ばれる人、続出とかって。

❸：え、ねっちゅう……?

④：ああ、「熱中症」。熱中症って、えー、暑さでやられるっていうんですかね。体が熱くなって、頭痛くなったり意識がなくなったり。まあ、熱にやられて、具合が悪くなることですよ。小まめに水分とっておくといいみたいですよ。

❹：え、暑さでそんなふうになるんですか。今いる寮にはエアコンがないんですよ。

⑤：えー、それは大変ですね。今夜も熱帯夜でしょうから気をつけてくださいね。なんか、うちの中にいても熱中症になる人もいるみたいですからね。

❺：えっ、そうなんですか。じゃあ、うちの中でもしっかり水とかを飲んだほうがいいんですね。

答え：b

●解答例：（1）連日、猛暑続きです。（2）体が熱くなって、頭が痛くなったり、意識がなくなったりします。

なりきりリスニング ③　01-05　01-06

あなた❶：うわあ、教室の中も寒いね。

友　達①：うん、今朝は冷え込んだね。最低気温はマイナス1度だったらしいし。

❷：うわっ、聞いただけで寒いよ。

②：うん。寒気、来てるから。

❸：え、かんき?

③：うん。冷たい空気がね、シベリアから、こう来てるんだよ。その寒気がさ、流れ込んでくると、東京でも、雪になることもあるし。あと2、3日は、寒いって。

❹：え、じゃあ明日も？　はあ……、あ、雪！

解答とスクリプト ■ 3

④：ほんとだ。雪、降ってきたね。ちらちら舞ってる。きれい。
❺：うん。ほんとだね。これからいっぱい降るかな？
⑤：うん、この調子だったら積もるかな。明日の朝、雪だるま作れるかも！
❻：え、雪だるまって？
⑥：うん、ほら、あの、雪を丸めて、目とか口とか付けたやつ。
❼：ああ、あれ！ 子どものころ、よく作った！
⑦：うんうん。それそれ。
❽：明日、雪遊びできるといいね。
答え：b
●解答例：（1）シベリアから寒気が来ているからです。（2）雪だるまが作れるくらい積もるかもしれないと考えています。

聞き返す練習をしよう

（1） 01-09
友　達：雪、やまないね。積もりそう。明日の朝、雪だるま作れるかも！
あなた：え、「ゆきだるま」って？
友　達：ほら、雪を丸めて、目とか口とか付けたやつ。

（2） 01-10
友　達：今日はお花見日和だね。
あなた：え、「おはなみびより」って？
友　達：ええと、桜が見頃で、晴れてて、お花見にちょうどいいお天気ってこと。

（3） 01-11
友　達：雨、やまないね。梅雨入りしたかもね。
あなた：つゆ……？
友　達：ああ、「梅雨入り」。梅雨が始まったってこと。

（4） 01-12
友　達：暑いー。熱中症になりそう。
あなた：え、「ねっちゅうしょう」って？
友　達：えっとね、暑さのせいで、体が熱くなって、頭が痛くなったり、意識がなくなったりすること。

（5） 01-13
友　達：暑ー。残暑、厳しー。
あなた：ざん……？
友　達：ああ、「残暑」。暑さが残っている、残暑。

（6） 01-14
友　達：あ、雪！ 初雪だね。
あなた：はつ……？
友　達：ああ、「初雪」。この冬、初めて降る雪のこと。

語彙を増やそう

1 01-16
（1） g：食欲の秋だね。栗拾いに行こうか。
（2） b：これ見て、水着のあと。海水浴で日焼けした。
（3） e：いちご30個も採って食べたんだよ、この間いちご狩りで。
（4） a：雪がたくさん降ったら、雪だるま作ろう。
（5） f：今日は子どもの日。すがすがしい、いい天気になったね。
（6） c：そろそろ紅葉がきれいな季節だから、もみじ狩りに行こう。
（7） h：雪が積もったから、チームに分かれて雪合戦しよう！
（8） d：今度、ゆかた着て花火大会に行くんだ。
　●a：雪だるま　b：海水浴　c：もみじ狩り
　　d：花火大会　e：いちご狩り　f：子どもの日
　　g：栗拾い　h：雪合戦

2
（1）行楽日和　01-17
　えー、桜前線は平年より速いペースで北上を続けていて、今日、東京の桜が開花しました。桜は①開花するとだいたい1週間ぐらいで満開になって見頃を迎えます。そこで気になるのが②各地のお天気ですが、この週末のお天気は晴れ、行楽日和となりそうです。えー、③野や山に出かけて遊ぶのにちょうどいい、晴れたお天気ですね。お花見にちょうどいいので、④お花見日和とも言えそうです。

（2）熱中症　01-18
　えー、8月に入り、気温の高い日が続いています。体内の水分や①塩分のバランスが、崩れて熱中症になりやすいので、えー、喉が渇く前に②小まめに水分をとり、日中の外出は避けたほうがいいでしょうね。③屋内でも熱中症になりますので、えー、エアコンを適切に使うようにしてください。え、また、外出の際には紫外線が強いですから、④日焼けにもご注意ください。はい。

ユニット 2　食べる楽しみ

聞いてみよう

なりきりリスニング ①　02-01　02-02

あなた❶：日本で食べた料理の中で、「これは」って料理ありましたか。

友　達①：あー、あの、納豆があの、日本に来る前に、あの、ま、日本人の、なんか朝ご飯の時に食べる、発酵食品だっていうのは知ってたんですけど、どうやって食べるのかっていうのがちょっと、わからなくて、「100回混ぜないとだめなんだよ」とか、からかわれたりして。

❷：へえ、100回？

②：100回はひどいですよね。で、えっと、ちょっとおしょうゆ垂らして混ぜてから食べるって教えてもらったんですけど、それを僕の周りの人たち、ま、その地方の特徴なのかどうかわかんないんですが、生卵を入れるとおいしいって言って、一緒に混ぜてたんですよね。

❸：えー、卵？

③：んー、でも、僕、それを見て、ねばねばしているのを初めて見て、それにさらに生卵。生ですよ。生卵も入れて混ぜてたから、無理って。

❹：ははは、私も無理かも。

④：僕、なんでもチャレンジするほうなんですよ、外国の食べ物とか。でも、さすがにそれは、ちょっとパス。

❺：そうですね。初めてでそれは勇気いりますね。

答え：b

●解答例：（1）ちょっとおしょうゆを垂らして混ぜてから食べると言っています。（2）ねばねばしているだけでなくて、生卵も入れて食べるからです。

なりきりリスニング ②　02-03　02-04

あなた❶：今まで食べた料理で、「これは」って料理ある？

友　達①：私、なんか、石川県のお吸い物ですっごく好きなのがあって。

❷：へえ。お吸い物？

②：それって、インスタントのお麩のお吸い物なんだけど。

❸：お麩？

③：うん、なんか、お麩がこんな形で、もみじ型してて。

❹：もみじ型？

④：うん、もみじの形をしたお麩とインスタントのお吸い物の元をお椀の中に入れて、お湯を注いで作る。

❺：へええ、そういうのがあるんだ。

⑤：で、普通にお椀の中に、そのもみじの形したお麩をポンと入れてお湯を注ぐと、お麩が溶けて、ぱかって割れて。

❻：割れるの？

⑥：で、中から、花の形をした別のお麩や野菜が出てくる。

❼：へえええ？

⑦：それがね、すっごくおいしいの。きれいだし、おいしいっていう。

❽：へえ、そんなのあるんだ。食べてみたいな。

答え：a

●解答例：（1）お椀にお麩を入れてお湯を注いで作ります。（2）（中から花の形をした別のお麩や野菜が出てきて）きれいだし、おいしいからです。

なりきりリスニング ③　02-05　02-06

あなた❶：今まで食べた料理で、「これは」って料理ある？

友　達①：うーん、カニかな。

❷：カニ？

②：なんか、そう、合宿で泊まったホテルが、食事がすっごくおいしいところで、種類も結構いっぱいあるの。おすしとか、ローストビーフとか。

❸：へえ。

③：で、すごく豪華なんだけど、なんかそこに、カニがぽんぽんぽんってあって、「好きなところ切ってください」って置いてあるの。

❹：へえ。おいしそう。

④：ね、いいでしょ。で、そんで一人ずつにマイはさみがあって、それを使って。

❺：ん？　マイはさみ？

⑤：うん、カニの殻を切るのに使う自分用のはさ

みね。そんで、カニを取って、自分の席まで持っていって、がしがしがしって、みんな切ってるんだけど。

⑥：そっか。自分で切って食べるんだ。

⑥：でも、なんか大体、切って身を取り出す組と、それをもらって食べる組で分かれて、私は切るほうなんだけど。

⑦：はいはいはい。

⑦：で、結局、身を取り出している人はあんまり食べられない、みたいな。

⑧：そっか。

⑧：だけど、なんか、身を取り出している人は身を取ることにはまっちゃってるから、カニ取るのが楽しくて。

⑨：わかるわかる。

⑨：で、なんかむしろ、「みんな食べて！」みたいな。

⑩：ははは。

⑩：カニって、つるんって取れたとき、快感だよね。

⑪：そうだね。食べるより身を取り出すほうが楽しくなってるよね。

答え：b

●解答例：（1）ぽんぽんぽんと（カニの形のまま）置いてありました。（2）カニがつるんと取れたとき、快感だと言っています。

聞き返す練習をしよう

1

（1） 02-08

先　生：ひき肉を入れて、ばらばらになるまで炒めます。

あなた：炒めます？

先　生：そうそう、ばらばらになるまで炒めてくださいね。

（2） 02-09

先　生：カップラーメンにお湯を注ぎます。

あなた：注ぎます？

先　生：ええ、お湯を注いでくださいね。

（3） 02-10

先　生：カニから身を取り出します。

あなた：取り出します？

先　生：ええ、カニの身を取り出してくださいね。

2

（1） 02-12

先　生：漬物にしょうゆを垂らします。

あなた：少ししょうゆを入れるんですね。

先　生：そうです。少ししょうゆを入れてください。

（2） 02-13

先　生：固形スープがとけるまで、混ぜます。

あなた：長い箸で回すんですね。

先　生：そうそう、箸で回す。うん、混ぜてください。

（3） 02-14

先　生：最後にお皿にきれいに盛り付けましょう。

あなた：お皿にきれいに入れるんですね。

先　生：そうです。お皿にきれいに入れましょう。

聞いたあとで

生きた聞き取り　02-16

学生A：なんか、あの、石川県の、あのう、お麩のお吸い物が、すっごいの、好きなのあって。なんか、お麩の形でもみじ型してて、で、なんかこう、ま、普通にお椀の中にポン、ぽんって置いて、でお湯にさし…さすと、なんかここがぱかって割れて、お花がいっぱい、ばーって出てくるやつ。

学生B：あ、知ってる知ってる知ってる。

学生C：へー。

学生B：そう！

学生A：そう、あれが、すっごいおいしいの。

学生C：へー。

学生A：うん。で、きれいだし、おいしいっていう。

学生B：なんか、お麩でコーティングされてんだよ。

学生A：そうそうそう。

学生B：だけどお湯を注ぐと、お麩がとけて、中の花が出てくる。

語彙を増やそう

1 02-17

（1）b：納豆にしょうゆをたらします。

（2）e：フライパンで野菜を炒めます。

（3）d：酒、しょうゆ、砂糖を入れて、煮ます。

（4）h：お椀に味噌汁のもとを入れて、お湯を注ぎます。

（5）g：ボウルに卵を入れて、箸で混ぜます。

（6）f：カニの足から身を取り出します。

（7）c：ラップをかけて1分加熱します。チンし

(8) a：沸騰したら、野菜を入れてゆでます。

2
(1) 納豆　02-18

日本に来る前に、納豆を食べたことがありませんでした。日本人が朝ご飯の時に食べる発酵①食品だというのは知っていましたが、どうやって食べるのか、初めはちょっとわかりませんでした。納豆にしょうゆを②垂らした後で、箸で数回③混ぜて、④ねばねばにして食べることを初めて知りました。

(2) お麩のお吸い物　02-19

お麩という食べ物を知っていますか。お味噌汁とか①お吸い物に入れる、②小麦粉で作ったものなんですが、インスタントのお吸い物に入っているお麩は、お湯を③注ぐと、やわらかく、食べやすくなります。お麩には④丸とか、四角とか、⑤花の形とか、いろいろな形があるんですよ。

ユニット 3　バイト体験

聞いてみよう

なりきりリスニング①　03-01　03-02

あなた❶：ゆりちゃん、ホテルのアルバイト始めたんだよね。クロークだっけ？

友　達①：うん、それが、この前、クロークじゃなくて、なんか、いつもと違う仕事やらされたの。

❷：へえ、どんな仕事？

②：この前なんか白い服着てくださいって言われて、「これ着てください」って言われて着たら、なんか、スモックみたいなやつで、何するんだろうと思ってたら、お弁当工場みたいなところに連れていかれて。

❸：「連れていかれた」って。

③：だって突然だよ。で、お弁当のおかずを詰めてほしいって言われたの。お弁当が流れてきて、そこに担当、自分の担当の食品を入れてってくださいって。

❹：ほんとに工場じゃん。

④：そう。で、初めてだったのに、結構スピードのある作業で。

❺：よくテレビとかで見るやつ？

⑤：うん。なんかそしたら、「君できるよね」って言われて、「何ができんの？」って感じだったんだけど。

❻：ははは、ゆりちゃんならできる。

⑥：で、2つ食品を入れてほしいって言われたの、同時に。

❼：えー、2つ？　きつそう。

⑦：でしょ？　ほんっと大変だったの。それをうまくしなくちゃいけなくて。でも、結構なんかうまくできて、なんか「すごくセンスあるよ、君」って言われたの。

❽：はは、じゃ、次もおんなじ仕事任されるかもね。

答え：a

●解答例：(1) 白いスモックのような服です。(2) 弁当が流れてきて2つ同時に食品を入れる作業をしました。

なりきりリスニング②　03-03　03-04

あなた❶：みゆきちゃん、カフェでアルバイトしているんだよね？

友　達①：うん、そうそう、あのう、この前、外国のお客さんが来たときに、ほんとにどうしようって思ったの。ミルクがいるかいらないかとか、どう聞いたらいいかと思って。

❷：それは僕も、困るかな。

②：でしょ？　もうね、メニュー持っていくところから、うーんって、なってたんだけど、日本語、話せる人で。

❸：ああ、よかったね。

③：「This is a pan set.」みたいなの言わなきゃいけないかなって思ってたんだけど、結構ちゃんと見てて、で、そんで、聞きに行ったときに、なんか、日本語で「パンでお薦めありますか」って聞かれたの。

❹：日本語で！　ちゃんと聞いてくれたんだ。

④：でもどれも同じようなもんだよ、と思って、とっさにハンバーグサンドしか出てこなくって、で、

「ハンバーグサンドなんかボリュームあっていいと思いますよ」って。
❺：ははは、ハンバーグサンド。
⑤：そしたら、「じゃあ、ハンバーグサンドとシナモントーストで」って言って。
❻：え、え、パン2つ頼んだの?
⑥：うん。だけどうちコーヒー店だから、パンだけ単品ってだめなんだ。で、んー、セットメニュー指して、「こちら、お飲み物、選べますよ」って言ったんだけど、「僕、コーヒーと紅茶は飲めないんで、なんか、普通のジュースみたいなのありますか」って。
❼：コーヒー店なのに?
⑦：「じゃ、こちらに、オレンジジュースとかありますよ」って言ったら、「うーん、でもいいです」って言われて。で、もう、なんか主任に、「2つ頼んでるんで、いいですよね、飲み物なくても」って言って、「じゃ、いっすよ、いっすよ」って言われて。
❽：じゃあ、結局、飲み物は頼まなかったんだ。
答え：a
●解答例：(1) 外国人でしたが日本語ができる人でした。(2) コーヒー店なのに、飲み物を注文しませんでした。

なりきりリスニング ❸ 03-05 03-06

あなた❶：さとるは回転ずしのバイト してたんでしょ? 何してたの。
友　達①：厨房に入ってた。
❷：ふーん。厨房で何をしてたの?
②：ひたすら、すし握ってた。
❸：へえ、バイトでもおすし、握るんだ。
③：うん。なんでもやらされるよ。厨房ではね、回転ずしだから、レーン上にお皿が回転しているわけじゃない? そこに、皿を埋めていくの。
❹：埋める?
④：うん、だから、お客さんが、レーンのお皿、取るじゃない? そしたら空いたとこに、また次のすしを埋める。
❺：ああ、はいはいはいはい。お客さんがお皿を取って、その空いたところに、新しいおすしを置くのね。
⑤：そう、だから、皿がレーンにすべて埋まって

いることが理想なわけ。1個も空きがないように皿を回しておけば、それだけお客さんが皿を取るチャンス増えて、売り上げもよくなるでしょ。
❻：うんうん。なるほど。
⑥：で、どのネタを置くべきかは、モニターで確認。
❼：モニター?
⑦：うん、厨房のモニターに、すしのネタの名前が出てくるのね。トロ、サーモン、エビとか出てきて、で、何を握らなきゃいけないかが表示されてるの。
❽：へー、ハイテクだね。
⑧：そうそう。で、それで、今から握るべきネタが何かっていうのがわかるから、それを握って準備しとく。
❾：そっか、モニター見て、必要なすしを握って、レーンに出すわけね。
答え：b
●解答例：(1) 厨房ですしを握ってレーンに置く仕事をしていました。(2) レーンに皿をすべて埋めておけば売り上げがよくなります。

聞き返す練習をしよう

1

(1) 03-08
友　達：お薦めありますか、って聞かれて。
あなた：聞かれる?
友　達：うん、お薦めは何か、聞かれたの。

(2) 03-09
友　達：スモックみたいな、白い服、着せられて。
あなた：着せられる?
友　達：そう。白い服、着せられたの。

(3) 03-10
友　達：お弁当を作っているところに連れていかれて。
あなた：連れていかれる?
友　達：うん。お弁当を作っているところに連れていかれた。

2

(1) 03-12
友　達：コーヒーも紅茶も注文しなかったの。
あなた：えー、じゃあ、飲み物は何も頼まなかった

の?
友　達：そう。何も頼まなかったの。

(2) 03-13
友　達：お皿を全部片付けてほしいって言われたの、15分で。
あなた：えー、じゃあ、15分で全部洗うの?
友　達：そうそう、全部洗うの。

(3) 03-14
友　達：コーヒーカップとティーカップは、持つところが違うから見分けてって言われたの。
あなた：えー、じゃあ、カップの形が違うの?
友　達：そう。色は同じだけど、形は違うの。

聞いたあとで
生きた聞き取り　03-16

学生A：この前なんか、白い服着てくださいって言われて、「これ着てください」って言われて、で着たら、なんかすっごいの、なんか、スモックみたいなやつ着せられて、何すんだろうと思って、なんか連れていかれたら、なんかお弁当を詰め込んでほしいって言われたの。したらなんかお弁当が流れてきて、そこに、なんか担当の、自分の担当の食品を入れてってくださいって言われたの。

学生B：工場じゃん。

学生A：そう、で、初めてだったの。で結構なスピードなのね。

学生B：よくテレビで見るやつでしょ。

学生A：いやあ、でも、ちょっと速かったと私は思うんだけど。そいでなんか、したら、なんか、「君できるよね」って言われて、何ができんのって感じだったんだけど、なんか2つ食品を入れてほしいって言われたの、同時に。

学生B：わー、きつっ。

学生A：で、入れてくださいって言われて、でも、初めてだったじゃん。で、「できるよね? できるよね、君」って言われて、「はい」みたいな。でもなんか、結構うまくできて。なんか「すごくセンスあるよ、君」って言われたの。

学生B：どうするの、やばいじゃん。次に行ったときもさ、また、「じゃあ、これ着て」って

言われて、「先週とおんなじ感じだから、よろしく」って言われてさ。

語彙を増やそう

1　03-17
(1) e：一つの仕事を受け持つこと、またはその仕事を受け持つ人のことです。
(2) d：すしの上に載せるいろいろな材料のことです。
(3) h：テレビのような画面で、商品の様子を見るものです。
(4) c：職場で、みんなをまとめる仕事をする人のことです。
(5) g：コースやセットの中でいちばん中心になる肉や魚などの料理のことです。
(6) b：その商品の名前や値段などの情報をたくさんの太さの違う線で示したものです。
(7) f：レストランや食堂で料理を作るところです。
(8) a：料理や飲み物、デザートなどを組み合わせたメニューです。

2
(1) セットメニュー　03-18

　日本では多くの店で定食をはじめとして、セットメニューが用意されています。①和食の場合、焼き魚定食とか生姜焼き定食のように、肉や魚と、ご飯、漬物、味噌汁のセットが一般的です。②洋食の場合、AランチとかAセットというネーミングで、③メイン料理と、パンかご飯、サラダが付いていて、コーヒーや紅茶、デザートまで付いているところもあります。セットメニューは栄養のバランスもよく、値段もお④手頃なので、お薦めです。実はお店のほうも、セットで頼んでくれたほうが時間や経費の⑤節約になります。

(2) 回転ずし　03-19

　回転ずしというのは、客の目の前を回るレーンにすしをのせ、客が好きなすしを取って食べるスタイルの店のことです。①ネタによって値段が違う店もありますが、全部一皿②100円という店もあります。また、最近では、③タッチパネルを利用する店も増えてきました。自分の座っているところの前にタッチパネルがあって、すしの写真を押して注文すると、

そのすしが出てくるんです。会計のときは、皿に付いた④バーコードやICチップを読み取って、すぐに金額が⑤計算される店もあります。

ユニット 4　結婚のお祝い

聞いてみよう

なりきりリスニング①　04-01　04-02

あなた❶：あのう、佐藤さんの結婚式に招待されたんですけど、でも結婚式初めてだし、普通、日本ではどうですか、あの、お金……ってどれぐらいとか、金額とか決まってますかね。
先　輩①：んー、佐藤さんだったらたぶん3万円でいいと思うんだけど、あの、ピン札って言って、きれいな、あの、しわがないきれいなお札で用意したらいいよ。
❷：3万円ですか。なんか、学生にはちょっとつらいですね。1か月の生活費ですよ。
②：そっか、じゃあ、でも、だったら2万円。でも2万円にするなら、5,000円を2枚と1万円1枚にして——
❸：え、それは何ですか。
③：2枚にすると、縁起が悪いから。
❹：縁起が悪いって、何か、ええと、奇数とか偶数とか？
④：んー、たぶん、2枚は、わかれるから。
❺：ああ。そういうのがあるんですか。
⑤：そう、だから、5,000円2枚と1万円1枚の3枚にすれば大丈夫。
❻：あ、じゃあ、そしたらあの、1万円はだめですかね、1枚は奇数だからいいかなって思うんですけど。
⑥：1万円は……でも、あの、結婚式は、あの、ほら、いろいろもらったり食べたりするから。
❼：あー、そっか、じゃあ、やっぱり、3万円ですかね。
⑦：うん。それか5,000円2枚と1万円札1枚にして——
❽：ああ、3枚にして。
⑧：そう、3枚にして。だったら2万円でいいと思うよ。
❾：わかりました。お札が3枚になるように2万円、

用意します。
答え：b
●解答例：（1）2枚にすると縁起が悪いからです。（2）結婚式でいろいろもらったり食べたりするからです。

なりきりリスニング②　04-03　04-04

あなた❶：お祝いのお金って、どうやって持っていけばいいんですか。
先　輩①：ご祝儀袋ってわかる？　コンビニとかで売ってるんだけど。
❷：ええと、たぶん、見たことあると思うんですけど、はい。
②：うん、あの、手紙の封筒みたいな大きさなんだけど、そこに、あの、「寿」とか、お祝いを意味する字が書いてある紙が付いてて、水引って言って、封筒の真ん中に紅白とかの細い紐が結んであって——
❸：はいはい、見たことあります。あの、きれいな袋ですね。
③：そうそう、そのきれいな袋が、コンビニとかお店行くと、あの、文房具屋さんとか行くと売ってるんだけど、その中にその3万円とか2万円入れて。あ、えっと、その袋の中にもう一つ封筒が入ってて。
❹：ええ、ええ。
④：その中の封筒に、「3万円」とか「2万円」って書いたりしなきゃいけないんだけど。
❺：あー、金額を。
⑤：そう、金額を書いて、その封筒を外の袋に入れて——
❻：外の袋に入れて。
⑥：そして水引が付いているので、それを巻いて、で、自分の名前を書いて——
❼：自分の名前を書いて。ええと、名前は表ですか、裏に書くんですか。

⑦：あ、「寿」とかの字の下。一緒に付いてる、お祝いを意味する字が書いてある紙の下のほうに、自分の名前を筆ペンで書いて――
⑧：あー、「寿」の下に。付いてる紙の下に、ですね。
⑧：そうそう、で、その紙は水引に、こう、差し込むようになってるから。
⑨：あ、名前書いて差し込むんですね。
⑨：そう、そうやって持っていけば大丈夫。
⑩：なるほど、ご祝儀袋の外に名前を書いて、中の封筒に金額を書いて持っていけばいいんですね。
答え：b
●解答例：（1）コンビニや文房具屋で売っています。（2）「寿」とかの字の下に書きます。

なりきりリスニング ③ 04-05 04-06

あなた❶：日本だと普通どういうもの贈るんですか。
先　輩①：うーん、そうだな、えっと、まあ、やっぱり新しい生活の役に立つものじゃないかな。
❷：あー、例えば、じゃあ、どういうものでしょうかね。
②：うーん、そうだな、日本人がよく贈るのは、キッチンで使うものにもすごくおしゃれなものがあるんで、そういうのが喜ばれるんじゃないかなあ。
❸：あー、ほんとに。じゃ、そういったものだったら、何でもいいですか。
③：あ、そうだな、あの、ただ、キッチンっていうと、ナイフとか、キッチンばさみなんかも、あの、考えるかもしれないんだけど、それは切るものなので、「切る」とか「切れる」っていうのは日本人にとっては「ご縁が切れる」って言って、離婚するとか結婚生活がうまくいかないのをイメージする言葉なんで、いやあ、それだけはちょっと、やめたほうがいいんじゃないかな。
❹：あ、ナイフとかはよくないんですか。
④：うん。「切る」っていうのをイメージするものはやめたほうが……。
❺：ああ、じゃ、あの、きれいなお皿とか。
⑤：んー、割れ物、割れ物ね、うん、割れ物も避けたほうがいいって言う人もいるんだけど……私だったら、ペアのカップとか、ワイングラ

スとか、うれしいかな。
❻：あ、そっか。じゃあ、そういうのにしようかな。
⑥：うん、親しい人で、そういうの喜んでくれそうな人だったら、大丈夫だと思うよ。
❼：わかりました。ペアのカップかワイングラスにします。
答え：a
●解答例：（1）離婚することや、結婚生活がうまくいかないことをイメージします。（2）親しい人で喜んでくれそうな人になら、割れ物を贈ってもいいです。

聞き返す練習をしよう

①

（1） 04-08

先　輩：この封筒の真ん中に結んであるのは、水引っていって――

あなた：水引？

先　輩：うん、水引。

（2） 04-09

先　輩：この封筒に入れるのは、ピン札っていって――

あなた：ピン札？

先　輩：そう、ピン札。

（3） 04-10

先　輩：あ、箱にかけてある紙はね、のし紙っていって――

あなた：のし紙？

先　輩：そう、のし紙。

②

（1） 04-12

先　輩：水引っていうのは、封筒の真ん中に結んであるんだけど――

あなた：ああ、水引。

先　輩：そう。お祝いのお金を入れる封筒に、リボンみたいなものが付いてるでしょ、あれ。

（2） 04-13

先　輩：封筒に入れるのは、ピン札っていって、きれいな、しわがないお札にするんだけど――

あなた：ああ、ピン札。

先　輩：そう。まだ使っていない新しいお札のことね。

(3) 🔊 04-14

先　輩：箱にかけてある紙はね、のし紙。何の贈り物かっていうことと、送った人の名前とかを書いてあるんだけど——

あなた：ああ、のし紙。

先　輩：そう。よく贈り物にかけてある紙のことね。

😊 聞いたあとで

生きた聞き取り　🔊 04-16

A：じゃ、そういったもの、じゃあ、何でもいいですか。

B：あ、そうですね。ただ、あの、キッチンというと、あの、ナイフとか、キッチンばさみなんかも、あの、考えるかもしれないんですが、それは、あの、切るものですから、「切る」とか「切れる」とかいう言葉は、日本人にとっては、あの、「ご縁が切れる」、簡単に言うと、なんか離婚とか、結婚生活がうまくいかないことをイメージするようなものなので、それだけは、あの、ちょっと、やめたほうがいいと思います。

A：ああ、ええと、ナイフとか。

B：ナイフとか、キッチンばさみとか、あとは……まあ、そういうものですね。やっぱ、切る、切る、「切る」ということをイメージするようなものは、避けたほうが無難でしょうね。

📝 語彙を増やそう

① 🔊 04-17

(1) a：お祝いのお金を入れる封筒です。
(2) c：プレゼントを包むきれいな紙です。
(3) d：結婚などのうれしいことがあったときに使う漢字です。
(4) h：書道のときに筆で書くような文字が、簡単に書けるペンです。
(5) f：お祝いを入れる封筒にかけてあるリボンのようなものです。
(6) g：まだ一度も使っていない、きれいなお札です。「新札」とも言います。
(7) b：名前を書いて贈り物にかける紙です。水引の絵が書いてあります。
(8) e：絵や文字が書いてある糊の付いた紙です。貼り付けて使います。

②

(1) ご祝儀袋　🔊 04-18

　ご祝儀袋を知っていますか。結婚式などお祝いの時にお金を入れる袋のことです。①封筒のようで、そこに「寿」など、お祝いを意味する字が書かれた紙が付いています。そして袋の真ん中には、赤と白などの、細い②ひものような水引が結んであります。この袋は、③コンビニなどで買うことができます。

(2) ご祝儀袋のお金の入れ方　🔊 04-19

　ご祝儀袋にはお祝いのお金をどのように入れるのでしょうか。ご祝儀袋は袋の中にもう一つ①封筒が入っていて、そこにお金を入れます。そのとき、中の封筒には、②金額と、自分の名前や住所を書いて入れます。ご祝儀袋の外には、③水引を付けます。そして、ほかに、細長い紙も一緒に付いていますから、その紙に自分の名前を④筆ペンで書いて、袋と水引の間に差し込みます。

ユニット 5　買う楽しみ

🎧 聞いてみよう

なりきりリスニング ①　🔊 05-01　🔊 05-02

店　員①：いらっしゃいませ。何かお探しですか。

あなた❶：ええっと、今度ちょっと旅行に行くので、カメラを探してるんですけども。

②：あ、そうなんですね。

❷：はい。

③：今、何かお使いのものとかありますか。

❸：いや、今はもう何でもスマホで撮れるので、スマホで済ましてるんですけど——

④：ああ、スマホでは物足りないと。

❹：ええ、今度まあちょっと、せっかく旅行に行くので、もうちょっと、あの、スマホよりもよく撮れるカメラをと思って探してるんです

けど。
⑤：えー、そうなんですね。では主にお撮りになる対象物はどのようなものをお考えですか。
❺：たいしょうぶつ？
⑥：ええ、あ、どんなものを主にお撮りになるご予定でしょうか。例えば人物とか、電車とか、あのう、花ですとか。景色とか。
❻：景色や人を撮りたいなあと思っています。

答え：a

●解答例：今どんなカメラを使っているか、撮りたい対象物は何かを質問されました。

なりきりリスニング② 05-03 05-04

店員①：今お薦めのものですと、こちらとかいかがでしょうか。こちらですと、軽いので旅行に持って行ったりもしやすくなっております。望遠機能も付いていますし、あと、最近、皆さん自撮りとかもよくなさると思うんですけど──

あなた❶：じどり？
②：ええ、自分撮り。こう──ご自分にカメラを向けて撮って楽しまれる方、多いですよね。こういった感じで、立てていただいて、自分向けにして、片手で簡単に撮ったりすることができるんですね。それと、こちらは左右で入る範囲っていうのが他社のより広いんです。広く写るんですね。なので、ご家族やお友達と一緒に自撮り、っていうのもしやすいんですよ。
❷：へえ、よさそうですねえ。
③：そうなんですね。あと、ぶれの補正機能もありますので、ちょっと手ぶれしてもきれいに撮れちゃう。
❸：へえ、あー。スマホで撮ると結構ぶれることが多いので、手ぶれが少ないのはいいですねえ。あ、あの、これ、あのう、カメラからもSNSにアップとかできるんですか。
④：そうなんですよ、そう、その場でカメラから直接アップできるので、すぐにお友達と共有して楽しむことができるようになってるんです。
❹：へえ、すごいですね！
⑤：その場ですぐにアップできますから、とても便利ですよ。
❺：へえ。自分で撮った写真を直接カメラからアップできるってわけですね。

答え：b

●解答例：（1）軽いので旅行に持っていきやすいと説明しています。（2）他社のカメラより入る範囲が広いからだと言っています。

なりきりリスニング③ 05-05 05-06

あなた❶：一眼レフとミラーレスは何が違うんですか。
店員①：はい、ミラーレスと一眼レフはその言葉のとおり、ミラーがあるかないかという違いがいちばん大きいですねえ。
❷：へえ、鏡があるかないかという違いですか。
②：はい、一眼レフでは、レンズを通して見えるものが、そのままファインダーを通して見えるんですが、これは反射ミラーがあるからなんです。ミラーレスはこの反射ミラーがないので、撮影しようとする景色を液晶画面で見ることになります。でもミラーレスは、一眼レフの機能を一部省略したことで軽量化に成功したと言われているんですよ。
❸：やはり、ミラーレスのほうが軽いんですね。
③：はい、そうですねえ、一眼レフはやはり交換レンズも大きくて、どうしても重量感は出てまいりますね。
❹：じゃ、ええと、一眼レフのいいところっていうと何ですか。
④：えー、ファインダーを通して直接被写体を見るということと、レンズは重いんですが、やはりその重い分、安定しておりまして、手ぶれが少なく撮れます。それから、ピント合わせが早くできるので、星空とか鳥などもよく撮れるっていうのは、やっぱり一眼レフになりますね。
❺：なるほど。
⑤：ですので、重たくても大きくてもいい、本格的にカメラを始めたい方や、ぼかしの効いたプロのような写真を撮りたい方には一眼レフがいいかと思いますが、手軽に持ち運べて、スマホやコンパクトカメラより遠くのものを撮りたいということであれば、ミラーレスがお薦めですね。ミラーレスでも動きのある被写体もきれいに撮れますし。
❻：じゃあ、手軽に使いたいならミラーレスがい

いですね。
答え：b
●解答例：（1）星空や鳥などがよく撮れます。（2）本格的にカメラを始めたい人や、プロのような写真を撮りたい人にお薦めです。

聞き返す練習をしよう

1

（1） 05-08
店　員：ミラーレスは反射ミラーがないので、液晶画面でものを見ることになります。
あなた：えきしょう……？
店　員：ええ、液晶画面。この画面を通して見ます。

（2） 05-09
店　員：今は皆さん、自撮りとかっていうのも楽しんだりされていまして。
あなた：じどり？
店　員：ええ、自分撮り。自分で自分の写真を撮って楽しまれる方も多いですよね。

（3） 05-10
店　員：プロのような写真を撮るには、このように背景をぼかして被写体にピントを合わせて撮るといいですよ。
あなた：ひしゃたい？
店　員：はい、被写体。お撮りになる物や人ですね。

2

（1） 05-12
店　員：ミラーレスは液晶画面でものを見ることになります。
あなた：ええっと、このモニターで見るってことですか。
店　員：ええ、こちらの画面でご覧になれます。

（2） 05-13
店　員：最近は皆さん、自撮りとかっていうのも楽しんだりされていまして。
あなた：ああ、自分で自分の写真を撮るってことですか。
店　員：ええ、そうやって楽しまれる方も多いですよね。

（3） 05-14
店　員：ミラーレスと一眼レフはその言葉からもおわかりのとおり、ミラーがあるかないかという違いがいちばん大きいですね。
あなた：へえ、鏡があるかないかという違いってことですか。
店　員：ええ、そのためミラーレスは軽いんですよ。

語彙を増やそう

1 05-16

（1）f：こちらは小さくてズーム機能も付いた小型デジタルカメラでございます。
（2）e：一眼レフに付いている鏡、反射ミラーが付いていないため、軽いんですよ。
（3）h：レンズは大きいですが、その分、遠くのものや、動いているものもうまく、ぼかしの効いたプロのような写真が撮れます。
（4）c：シャッターが開いてる間にカメラが動いてしまったために、ぼやけてきれいに写らないことがありますよね。
（5）d：コンパクトカメラやミラーレスはこの画面を通して対象物を見ます。
（6）a：このレンズがあると遠くのものも大きく、はっきりと撮ることができます。
（7）b：レンズを通して見えるものが、そのままこの小さな窓を通して見ることができるのがやっぱりいいですよね。
（8）g：画面で自分の顔を確認しながら撮ることができるんですよ。

2

（1）自撮り 05-17
今私がお薦めのものはこちらです。軽くて持ち運びしやすいですし、①自撮りとかっていうのもしやすくなっております。ご家族や友達みんなと自分も一緒に入って、②片手で撮ることができるんですよ。そして、③手ぶれを抑えてくれる機能があるので、片手でもきれいに撮れますよ。

（2）一眼レフとミラーレス 05-18
カメラには大きく、コンパクトカメラと、ミラーレス、一眼レフがございます。一眼レフでは、レンズを通して見えるものがそのまま①ファインダーを通して見えるんですが、これは反射ミラーがあるためです。ミラーレスはその言葉のとおり、この反射ミラーがないので、②液晶画面で、撮影しようとするものを見ることになります。ミラーレスは一眼レ

フの機能を一部③省略したことでですね、まあ、④軽量化、つまり軽くすることに成功したと言われていруんですよ。

ユニット 6 旅する楽しみ

🎧 聞いてみよう

なりきりリスニング ① 　06-01　06-02

あなた❶：金沢とか、どう？ いい？ 行ったことある？
友達①：うん、いいと思うよ。金沢はね、俺、もう2、3回行ったね。まあやっぱ特に兼六園なんていいし。なんだっけ、日本で有名な庭園の一つだもんね。まあ、金沢っていえば、兼六園だよね。
❷：ああ、兼六園ね。
②：うん、兼六園がね、確かね、4時、5時ぐらいからかな、開くんだよ、あそこ。なんか開園前に、無料開放？ で、俺その、近くの宿に泊まってて、朝早起きしてさ、まだ、日の出前で薄暗いときに、もう絶対誰もいないって思って行ったんだけどさ、意外と地元の人とか散歩してて。でもよかったよ。すごいね、やっぱ朝、人少ないし、静かですごい、いいね。うん、観光客たくさん来ると俺あんま好きじゃないから。
❸：あー、なんか人多いとざわざわしてね。
③：うん、なんか落ち着かないっていうか、そういう時に、見るかなーって感じ。でもさ、朝だと、眺望台から朝焼けとかも見えてさ、うん。
❹：へー、朝焼け？ いいねえ。
④：あ、でも、なんか、朝入れるのって、季節によって時間とか違うかもしんない。それに、朝入った人は、開園前に出なくちゃいけなかった気がする、多分。でも、ゆっくり回る時間あるし、静かだしね。
❺：へー、朝の兼六園って、そうなんだ。静かで落ち着いた感じっていいね。

答え：b

●解答例：（1）朝焼けが見られます。（2）朝の無料開放は、季節によって時間が違うかもしれないこと、朝入った人は開園前に出なければいけないことです。

なりきりリスニング ② 　06-03　06-04

あなた❶：金沢のさ、なんだっけ、えっと、「忍者寺」？って行った？
友達①：ううん、行ってない。でも、すっごく面白いって。
❷：へー、そうなんだ。そんなに面白いんだ。
②：うん。行った人みんなそう言う。でもね、忍者寺って言うけど、忍者がいたわけじゃなくって、忍者と全然関係ないんだよ。
❸：え？ そうなの？ 忍者、関係ないの？
③：そう。建物の造りがね、なんかすごく複雑で、中、迷路みたいで、いろんな仕掛けもあったりするからさ、で、忍者寺って呼ばれるようになったって。
❹：へー、そうなんだ。
④：うん、なんかね、外から見ると2階建てなんだけど、本当は4階建て、だったかな。
❺：えっ、本当は4階建て？
⑤：うん、中にね、なんか階段がたくさんあって、あんまりたくさんあるから、上ったり下りたりしてるうちに、今何階にいるとか、どっち進んでるとか、全然わかんなくなるんだって。
❻：あー、それは迷いそう。
⑥：そう。で、もうほんとに迷路みたいで、見学するときって必ず案内の人がつくんだけど、行ったことのある友達がさ、自分で自由に見たいって最初思ったけど、案内の人いないと絶対わかんなくなるって、そう言ってた。もう、出られなくなっちゃうって、ほんと。
❼：すごいね、それ。案内の人いないとだめだね。
⑦：うん。落とし穴とか、隠し階段とか、ほんとにいろいろあるみたいしね。
❽：へー。ほんとにすごい造りなんだね。面白そう。

答え：a

●解答例：（1）忍者がいたためではなく、建物の造りが複雑で、迷路のようになっていて、色々な仕掛けがあるためです。（2）落とし穴や隠し階段があります。

なりきりリスニング③　06-05　06-06

あなた❶：旅行行ったときってさ、どういうところ泊まる？

友　達①：あ、俺ね、なんかね、とにかく安く、ま、日本でもね、一日、全部で3,000円台から4,000円台で抑えるね。

❷：あー、そうだよね、できたらそのぐらいがいいよね。

②：うん。でも、なんか食べたいものがあったら高くても食べるし、それでぜいたくしたなあと思ったら、次の日はなんか、朝昼は、なんかスーパーでさあ、なんか半額のパンとか買って、それ食うとかね。で、夜だけ、いいもの食べようっていうスタイルでやってたから、うん。

❸：じゃあ、基本はビジネスホテルとか？

③：いや、全然。ゲストハウスとか。その、なんか旅先で、その、ビジネスホテルだとさ、誰とも話さないじゃん。で、ゲストハウスだとかだと、えー、リビングみたいなところでさ、みんな、世界中の人もいるし、日本人もいるし、その、旅の情報交換？　現地の、ここ、あそこいいぞって言われたら、そこ行くしね。そういう話を聞いて――聞きたいしね、教えて――教えることもできるから、そういうふうにして、知らない人と仲良くなれるっていうのがいいんだよね、うん。だからゲストハウス。うん、ビジネスホテルより全然いいかなって。

❹：なるほどね。情報交換ができるんだ。

④：そう。そういうとこで仲良くなったりしてさ、帰ってきてからもずっと付き合いある人とか、いるし。

❺：へー、そうなんだ。いいね。なるほどね。知らない人と仲良くなれるのは、確かにいいよね。

答え：a

●解答例：（1）スーパーで半額のパンを買って食べます。（2）世界中の人や日本の人と、旅の情報交換をします。

聞き返す練習をしよう

1

（1）　06-08

友　達：うーん、電車、来ないね。どうしたのかな。

アナウンス：お待たせしております。先ほど、踏切内に人が立ち入ったとの情報があり、一時、運転の見合わせを行いました。現在は運転を再開いたしましたが、遅れが出ております。申し訳ございませんが、今しばらくお待ちください。

あなた：踏切に人が入った？

友　達：うん、そうみたいだね。人の立ち入りか。

（2）　06-09

友　達：あれ？　電車、止まってるみたいだね。どうしたのかな。

アナウンス：お客様にご案内いたします。えー、ただ今、横浜駅にて車両点検を行っております影響で、現在、東海道線、一時、運転を見合わせております。お急ぎのところご迷惑をおかけし、誠に申し訳ございません。

あなた：横浜駅で車両点検？

友　達：うん、そうみたいだね。車両点検か。

2

（1）　06-11

友　達：電車、来ないね。なんでかな。

アナウンス：お客様にご案内いたします。8時20分発上野行きの電車、現在、遅れが出ております。当駅への到着、8時30分ごろの見込みです。お急ぎのところ、申し訳ございません。

あなた：えー、遅れてるんだ。

友　達：うん、10分ぐらい遅れるみたいだね。

（2）　06-12

友　達：あー、もう15分ぐらい止まってるよね。いつになったら動くのかなあ。

アナウンス：ご案内いたします。東海道線、ただ今、運転の見合わせを行っております。運転再開は12時20分ごろとなる見込みです。今しばらくお待ちください。

あなた：あ、もうすぐ動くんだ。

友　達：うん、もう少しで動くみたいだね。

聞いたあとで
生きた聞き取り　06-14

学生A：俺ね、なんかね、とにかく安く抑えるのももちろんだし、ま、相場として日本でもね、1日、宿代も入れ、3、3,000円台から4,000円台で抑えるね。

学生B：あ、なるほどね。

学生A：うん、でも、食べたいのがあったらもちろん高くても払うし、それでぜいたくしたなあと思ったら、次の日はなんか、朝昼は、なんかスーパーでさあ、食パンとか、なんか半額のパンを買って、ヨーグルトの、だから賞味期限ぎりのやつ、それ食うとかね、そんなことしてるから体壊れた、んだけど、で、夜だけ、おいしいもの食べようっていうスタイルでやってたから、うん。

学生B：じゃあ、基本は何、ビジネスホテルとか？

学生A：いや、全然、ゲストハウスとか。知らない？なんか、そのね、旅する人たちが泊まるような宿がさあ、あってね、ゲストハウスとか、ユースホステルっていうんだけど、ユースホステルっていうのはなんか、世界中にそういう団体があって、なんかね、そこは、なんかね、規律じゃなけど、ちょっと厳しめなんだよ、夜10時以降は騒いじゃいけないとかさ、なんかそういうのあって、うん、電気をつけてちゃだめとかさ、そういうのがあってさ、10時じゃない、11時ぐらいかな、ゲストハウスもまあ、そういうとこあるんだけどちょっとゆるさがあってさ、いつでも外出れるし、帰ってきてもいいし、個人で経営してる人たちが多いんだけどさ、うん。

学生B：もう、なんか、なんか安い、1人、1人2,500円とか、1人3,000円とかの、なんかビジネスホテル、で、朝食が無料の所っていうのをなんか、基本的になんか頭に決めてて、で、で、そういう所を兄、兄と、まあだいたい兄と行くんだけども、その兄と、自分とで、こう合わせて、行くっていう感じ。

学生A：あー、なんか俺、1人で行くからさあ、だから、なんか旅先で、そのビジネスホテルだとさ、誰とも話さないじゃん。で、ゲストハウスだとかだと、そういうリビングみたいなところでさ、みんな世界中の、人もいるし、日本人もいるし、その、旅の情報交換、現地の、ここ、あそこいいぞって言われたら、そこ行くしね、そういう話を聞いて、聞きたいしね、うん、教えて、教えることもできるから。うん、ゲストハウス。

学生B：それは一人旅の醍醐味だね。

学生A：うん、ビジネスホテルより、全然いいかなって感じで。

学生B：なるほどね。

語彙を増やそう

1　06-15

(1) b：旅行に行く場所、または行った場所のことです。

(2) g：普段は入場料が必要な場所に、ただで自由に出入りできるようになることです。

(3) f：建物をどのように造ったか、その様子のことです。

(4) a：一度入ると、入り口も出口もわからなくなって、出られなくなるような道のことです。

(5) d：仕事で出張する会社員向けのホテルのことです。一般的に料金が安く、便利な場所にあります。

(6) c：宿泊料金が安い宿です。キッチン、トイレ、シャワールームなどを共同で使用することが多く、他人と同じ部屋に泊まることもあります。

(7) h：ある目的のために作った機械や道具、仕組みのことです

(8) e：その上を歩く人を捕まえるための仕掛けです。普通の地面や床に見えるので、穴があることに気づかず落ちてしまいます。

2

(1) 金沢　06-16

　石川県金沢市は、日本海に面する人口約47万人の町です。自然豊かで、昔からの古い①街並みが今でも多く残っています。江戸時代の代表的な②庭園である兼六園には、春の桜、秋の紅葉の時期だけでな

く、冬も多くの③観光客が訪れます。日本海の新鮮な食材が集まる近江町市場も旅行者に人気があります。伝統的な④和菓子なども有名です。

(2) 忍者寺　06-17

石川県金沢市にある「妙立寺」は、建物の造りが複雑なことから「忍者寺」と呼ばれて人々に親しまれています。侵入した①敵をあざむくためにそのような造りになっており、中はまるで②迷路のようです。そこに階段があることがわからないような③隠し階段や、その上を通る人が気付かずに落ちてしまうような落とし穴など、驚くような④仕掛けが数多くあります。訪れた際は、迷子にならないように注意しましょう。

ユニット 7　会社の話を聞く

聞いてみよう

なりきりリスニング ①　07-01　07-02

あなた❶：会社って、えっと、朝何時から夜何時まででですか。

先　輩①：ええと、うちの会社は、8時40分から5時15分まで。

❷：あー、なるほど、じゃ、もう、夜まで残業っていう人はあんまりいないんですか。

②：夜まで残業か。ひと……、人と仕事によりますね。

❸：ああ、そうなんですか。残業って何時までなんですか。

③：何時まで……、終わるまでですけど。ええっとね。あのね。10時以降は「深夜残業」っていうことになって。

❹：何か違うんですか。

④：うん、普通の時間外労働手当、つまり残業手当は、えー、普通の給料に最低、2割だか、2割5分だか足さなきゃいけないんだけど、深夜残業になると、もっと多くて、5割増しぐらいにしなくちゃいけないのかな。

❺：えー、そんなに割増しになるんですか。

⑤：うん、なるんですけどね、でもやっぱり、そういう、遅くまで仕事をすると疲れちゃいますよね、社員が。で、結局、普通の昼間の仕事にも影響出るといけないんで、それはしないでくださいっていうような形で、特別な時以外は、そんなに遅くまで残業はしないんですよ。うちの会社では、その前に、8時に1回ビル全体の電気が消えちゃうんですよ。

❻：へー、じゃ、もう少し残りたい人はどうするんですか。

⑥：残業したいな、残業しなくちゃいけないなっていう人はそのあと、もう1回電気をつけるんです。

答え：b

●解答例：（1）深夜の残業手当は5割増しになります。（2）翌日の普通の昼間の仕事に影響が出るといけないので、夜遅くまで残業はしないでほしいと考えています。

なりきりリスニング ②　07-03　07-04

あなた❶：異動の話とか聞きたいんですけども、あの、まあ、なんだろう、部署異動は結構あるかなっていう印象ですけど、いかがですか。

先　輩①：そうですね。うん、まあ、1回も変わったことがないっていう人はいないと思いますね。

❷：先輩の会社は、ジョブ・ローテーションがありますか。

②：そうですね。ほとんどの人がいろんな部署を経験しています。特にその、上になるにしたがって、いろんなところを経験しているほうが、やっぱり強いですね。

❸：じゃ、会社の仕事を全部回るんでしょうか。

③：ええと、そうは言っても、私にじゃあ、プログラム、っていうか、開発させるかっていうと、それはないので、うん。異動はあるけれども、ほんとに、「明日から工場行け」っていうのは、そんなことは、ないので。

❹：そうですか。じゃ部署を回ると、いいことありますか。

④：1つの部署だけで見てきた人よりもいろいろ

いくつか見てきたほうがやっぱりいいですね。特に何かを判断しなくちゃいけないっていうことになると、総合的に考えることができます。
❺：なるほど。じゃ、異動するのはいい経験になるっていうことでしょうか。
⑤：ま、一つのことに詳しいっていうのも、それはそれで、もちろん大事なんですけど、やっぱり社内のいろんなところが見えるっていう意味では、いくつか経験があったほうがいいと思いますね。

答え：a

●解答例：（1）いいえ、ありません。（2）ジョブ・ローテンションを経験することで、総合的に考えられるようになることです。

なりきりリスニング ③　07-05　07-06

あなた❶：先輩の会社には、社内レクリエーションとかあるんですか。
先　輩①：社内レクリエーションはですね。そうですね。あのー、支社ごとに運動会とかやりますね。
❷：へー、運動会。
②：運動会っていうほどでもないんですけど、みんなでスポーツするんですね。それとか、あとは、あの、ディズニーランドに行って、ショーを見るんです。
❸：へー、ディズニーランドのショー？
③：はい、なんかその、会社のレクリエーション用に開催してくれるショーがあって、それをみんなで見たりしています。
❹：ということは、会社のイベントでなければ見られないショーがあるっていうことですか。
④：そうです。昔は社内レクリエーションって言えば、温泉に行くのが社員旅行だったんですけど、今は予定を合わせるのが難しくなって、日帰りのことが多いですね。
❺：そういうのって、土日とかに行くんですか。
⑤：うん、そうですね。土曜日とか日曜日の、で、あの、家族の方も来られるように。
❻：家族も行っていいんですね。その場合は、会社が補助を出してくれるんですか。
⑥：はい、社内レクリエーションですから、補助が出ます。
❼：へー。なるほど。先輩は、社内レクリエーションに参加してよかったですか。
⑦：そうですね。最初は抵抗があったんですが、でも参加してよかったと思いますよ。違う部署の人と知り合いになったおかげで、異動があっても顔なじみの人がいたり、自分の専門ではないことがあったときは、相談に行ったりすることができて、うん、いいと思います。

答え：b

●解答例：（1）ディズニーランドの、会社のレクリエーション用に開催してくれるショーを利用しています。（2）違う部署の人と知り合いになったおかげで、異動があっても顔なじみの人がいたり、自分の専門ではないことがあったときは、相談に行ったりすることができることです。

聞き返す練習をしよう

1

（1）　07-08
先　輩：運動会は、土曜日とか日曜日にします。家族も行けるように。
あなた：へー、家族も行ける。
先　輩：ええ、家族も参加できるんです。

（2）　07-09
先　輩：残業した場合は、時間に応じて残業手当が付くんです。
あなた：へー、残業手当が付く。
先　輩：はい、残業手当は普通は2.5割増しです。

（3）　07-10
先　輩：深夜残業になると、5割増しになります。
あなた：へー、5割増しになる。
先　輩：ええ、夜10時以降の深夜残業は、5割増しになるんです。

2

（1）　07-12
先　輩：有給休暇は20日間ですが、次の年に繰り越せるので、最高40日間取れます。
あなた：へー、有給休暇はそんなにたくさん取れるんですか。
先　輩：はい、そうなんです。でも40日連続して休みを取る人はいませんけどね。

（2） 07-13

先　輩：同期入社の基本給は、入社して3年くらいは差がないんです。

あなた：へー、基本給はそんなに差がないんですか。

先　輩：はい、そうなんです。給料に差が出てくるのは大体5年後からです。

（3） 07-14

先　輩：子育て中の短時間勤務は小学校を卒業するまで使えるんです。

あなた：へー、そんなに長い間使えるんですか。

先　輩：はい、そうなんです。うちの部署では7人のうち6人がそれを利用しています。

聞いたあとで

生きた聞き取り　07-16

学生A：今って、会社って、あのう、朝何時から何時までですか。

先　輩：ええとね、うちの会社は8時40分から5時15分まで。

学生A：あー、なるほど。じゃ、もう、夜まで残業っていう人はあんまりいない。

先　輩：夜まで残業か。ひと……、人と仕事によりますね。

学生A：あー、やっぱり。

先　輩：うん。

学生B：残業って何時までなんですか。

先　輩：何時まで。終わるまで。ええとね。あのう、10時以降は深夜残業っていうことになって。

学生B：へー、違うんですか。

先　輩：うん、あのね、割り増し率が変わるんですよ。25％。

学生B：あ、そうなんだ。

先　輩：普通の時間外は、えーと、最低、にわ…2割だか2割5分だか足さなきゃいけないんだけど、深夜残業になると5割増しぐらいにしないといけないのかな。

学生A：あ、そうなんですね。

学生B：えー、そんなに。

先　輩：なので、それは会社としても、そういう仕事すると結局疲れちゃうので、ね、普通の昼間の仕事できなくなっちゃうので、それはしないでくださいっていうような形に。あと、その前に8時に1回、ビル全体の電気が消えちゃうんですよ。

学生B：あー。

学生A：ふうん。

先　輩：いったん。で、ま、残業したいな、って、したいなっていうか、しなくちゃいけないなっていう人は、そのあともう1回電気をつけるという。

学生A：おー。

語彙を増やそう

① 07-17

（1）f：職場で働く時間のことです。

（2）b：休んでも仕事に出る時と同じ給料が支払われる休みのことです。

（3）g：会社からもらうお金で、手当を含まない1か月の賃金のことです。

（4）d：会社が中心になって、社員同士で旅行をしたりスポーツをしたりすることです。

（5）e：仕事を担当している場所のことです。

（6）a：職場での地位や働く場所などが変わることです。

（7）h：決められた時間、仕事をした後も、まだ続けて仕事をすることです。

（8）c：子どもを育てるために一定期間取ることができる休みのことです。

②

（1）ジョブ・ローテーション　07-18

　ジョブ・ローテーションというのは、計画的に社員をさまざまな部署に異動させることです。社員の職場を①定期的に変え、いろいろな仕事を経験させることによって、社員の②能力開発を行うことを目的としています。この方法によって、社員は経験を通していろいろな③視点で自分の仕事を見ることができ、どの仕事が自分に合うかを知ることができます。また、④マンネリ化を避けられるというメリットもあります。

（2）社内レクリエーション　07-19

　会社に勤めている人が会社の人たちみんなと温泉旅行に行った、というような話を聞いたことがありますか。①社内レクリエーションには、社員旅行をはじめとして、運動会やお花見、スポーツ観戦などがあり、多くの企業で行われています。その目的は、

社員同士の②親睦を深め、チームワーク強化を図ったり、ほかの部署とのコミュニケーション不足を③改善したりすることです。社内レクリエーションを行うことによって、職場の雰囲気を良くし、④生産性の向上に結び付くと考えられています。

ユニット 8 恋の話

聞いてみよう

なりきりリスニング① 08-01 08-02

あなた❶：えー、そっか。私も男女の友情って成立するかなって思うんだけど、それはやっぱりなんかこう、たまにいるじゃん、「こいつとは何にもないな」って思うやつ。そういう相手とは、成立するのかな。

友達①：うん。そうだよね。でも、男友達って、いると、幸せっていうか、なんかさ、自分に好きな人がいるとき、どうしたらいいのかなとかもさ、あ、男の人から見るとどうなのかなとかも、相談できるからさ。

❷：うん、相談できる、確かにそうだね。

②：そういう意味ではすごいありがたいし、なんか、結構、女の子って、相手のこと、なんか気を使ってさ、何か聞いても、本音を言ってくれない場合多いじゃん。男の子が相手のこと考えないっていうんじゃないけど、でも男友達は、そういうのなしで結構ズバッと言ってくれるから、助かる。

❸：あー、女子は気を使うことがあるか。女子、女の子、結構隠すもんね、思ったこと。ズバッて言わない。本音を言わない。

③：本音を、なんか、ちゃんと言ってくれるから、そう、助かる時があるかな。

❹：本音ね。そういうのって、女友達にない、男友達だから言ってくれるみたいな。

④：そう。そこで、いいな、うん、やっぱこの人に相談してよかったって思うことがある。

❺：なるほどね。確かに。男友達って結構はっきり本音を言ってくれるもんね。

答え：b

●**解答例**：(1) どうしたらいいか、男の人から見るとどうなのか、相談できます。(2) 相手のことに気を使って、何か聞いても本音を言ってくれない場合が多いです。

なりきりリスニング② 08-03 08-04

あなた❶：いつ、どういう段階からなんだろうね。んー、友達、友達じゃなくて「付き合ってる」って。

友達①：え、言葉ないと。

❷：言葉ないと?

②：うん。「好き」「付き合ってください」って言葉ないと。「付き合おう」みたいな言葉がないと、始まんないと思う。

❸：え、言葉って、とりあえず、ま、その、何、始まりのスタートラインみたいなもの?

③：うん、だって、んー、だって、言葉、くれないとさ、「記念日いつ?」みたいになるじゃん。

❹：あー、そっか。なるほどね。そうだよね。じゃあなんだろ、付き合うって、いつ、どういう段階からなんだろうね。

④：付き合う?

❺：そう、付き合う。いつ、どういう段階から「付き合ってる」って言えるか?

⑤：お互いの思いが一致した時。言葉もあって。

❻：一致した時? 言葉もあって? その時に?

⑥：うん。

❼：言葉ないと、何も前に進みませんよ、みたいな感じ?

⑦：うん、付き合うんだったら、言葉は大事だなって思う。

❽：そっか、気持ちが一致して、何か言葉もあって、そこからスタートか。

答え：a

●**解答例**：記念日がいつかわからなくなって困ります。

なりきりリスニング③ 08-05 08-06

あなた❶：昨日、面白いトピック出たんだけど、そ

の、付き合うんなら、あの、同じタイプか、違うタイプか。価値観が同じか、違うか。

友　達①：タイプねえ。

❷：どっちがうまくいくと思う？ ほら、その、よくさあ、価値観の違いで離婚する人っているじゃん。

②：まあね。

❸：あと、趣味が同じか違うかとか。だから、なんかさあ、価値観が、なんか、同じすぎて離婚することってないじゃん。

③：あー、つまりそれって、同じ考え方だったら、で、しかも共通の趣味持ってたら、なんだろ、例えば、何かあっても感じることは同じ、以心伝心ってこと？

❹：そうそうそうそう。そうすると、なんだろ、気持ちいいっていうか、心地いい、自分のこと、理解してくれるし、相手も、だって、お互いが理解できるから、いいんじゃないって思うんだけど。

④：なんか、俺、逆につまんないって思うんだよね。なんか、大体わかるじゃん。自分がよかったら相手もいいだろ、みたいな。そうするとなんか、何、何も面白いことないっていうんじゃないけど、こう、倦怠期になりそう。

❺：いや、確かになんかさあ、新しいこといろいろ手に入れられるってとこは、あるかもしれないけど、何て言うの、逆に相手のこと、わかんなさ過ぎない？ ま、違い過ぎたらの話だけど。

⑤：え、でも、それより、パズルのピースがちゃんとハマるような感じになればいいんじゃねって思うんだよね。うまいことハマるような感じで。まあ、違い過ぎたら、なんか、イラっとするかもしんないけど。でも、それでも好きってなったら、それが本物だろ？

❻：本物、ね。そっか。なるほどね。自分とは違うタイプと、パズルのピースがはまるような感じがいいか。

答え：b

●解答例：（1）相手の考えていることが大体わかって、何も面白いことがなく、倦怠期になりそうだと思うからです。（2）お互いが違い過ぎてイラッとすることがあっても、それでも好きだと思える関係です。

聞き返す練習をしよう

[1]

（1） 08-08

友　達：友達がさ、男女の間でも、友情は成立するかって。

あなた：友情は成立するか？

友　達：そう。男と女は友達になれると思う？

（2） 08-09

友　達：付き合うときって、相手と価値観が合うって大事だと思うんだよね。

あなた：価値観が合う？

友　達：そう。価値観が大事じゃない？

（3） 08-10

友　達：今さ、実は、その、私、ちょっと気になる人がいて。

あなた：気になる人？

友　達：へへへ。うん。ちょっとね。気になるんだよね。

[2]

（1） 08-12

友　達：なんか、俺の友達、この前付き合い始めたばっかりなんだけど、その相手が、来月から留学するんだって。遠距離恋愛になっちゃうって。どうしようって。

あなた：え、付き合ってすぐ遠距離恋愛になっちゃうの？

友　達：そう。そうみたい。

（2） 08-13

友　達：うちのお母さん、大学んときにお父さんと出会って、好きになって、それでお母さんが一生懸命アタックして、お父さんも「うん」って言って、で、2人、付き合い始めたんだって。

あなた：え、お母さんからアタックして付き合い始めたの？

友　達：そう。で、長いこと付き合って結婚したって。

聞いたあとで

生きた聞き取り　08-15

学生A：ってか、でもさあ、なんか、どこで気づく？ 自分がこの人好きだなあって。

学生B：どこで気づく？
学生A：うん、なんか、「あ、私、この人好きなんだなあ」って、そのなんかラインって何？　一緒にいて楽しいとか、なんかそういう。
学生B：ああ、楽しいもあるし、え、でも、なんか高め合える人がいいなあ。
学生A：私も尊敬できる人がいい、付き合うなら。
学生B：そう、なんか、別に自分と同じフィールドで、同じことを頑張らなくてもいいけど、何かその人の、なんか、中で頑張ってることがあってる、ある人とかは。なんか。
学生A：ってか、頑張ってる人はかっこいいよね。
学生B：かっこいい。ほんとに。
学生A：すごくかっこいいよね。
学生B：うん。
学生A：うん。
学生B：なんか、「あ、あの人も頑張ってるから、私も頑張ろう」ってなるし。
学生A：うんうんうんうん。
学生B：そう。

語彙を増やそう

1　08-16

(1) h：迷わず、はっきりと言うことです。
(2) g：ストレスがなく快適で、気持ちのいい状態にあることです。
(3) c：周りの人やいろいろなことについて、相手の立場になって考えることです。
(4) b：恋人同士や夫婦の間で、お互いに飽きて嫌になる時期のことです。
(5) f：何が大事で何が大事でないと考えるか、その見方のことです。
(6) d：自分の思ったようにならず、怒りたいような、落ち着かない気持ちになることです。
(7) e：本当の気持ちや考えです。また、本当の気持ちや考えから出る言葉です。
(8) a：恋人としてデートしたりする関係にあることです。

2

(1) 以心伝心　08-17

　文字や言葉を使わなくても、心と心が通じ合っていて、考えていることが①お互いにわかることを「以心伝心」といいます。例えば、非常に親しい友達がいて、その子とは幼稚園からの②付き合いであり、何を考えているのか、何を言おうとしているのか、③口に出すことがなくてもわかるような場合、その友達とは「以心伝心」だと言えます。恋人同士の場合、以心伝心で何でも④理解し合えるほうがいいという考え方もあるでしょうし、それではつまらないと考える人もいるかもしれませんね。

(2) 記念日　08-18

　皆さんの国では、結婚記念日をお祝いしますか。日本でも、明治時代から少しずつお祝いする習慣が広まって、今では、結婚記念日に、①夫婦の間で毎年記念のプレゼントを贈ったり、食事をしたりする習慣が②定着しています。そして最近では、カップルの間でも、③付き合い始めて1か月目、6か月目、1年目などをお祝いするようになってきました。特別な所に出かけたり、特別な食事をしたりするようです。ただし、特に何もしないという人も多く、結婚④記念日ほどお祝いの習慣が定着しているとは言えないようです。

ユニット 9　笑う楽しみ

語彙を増やそう

1

(1) 落語　09-01

　「落語」というのはですね、歌舞伎など、ほかの伝統芸能と違って、身振りと①手振りのみで噺を進め、一人何役をも演じます。また、衣装や舞台装置などを極力使わず、小道具の②扇子や手拭を使って、箸や手紙など、あらゆるものを表現します。噺家と聞き手の③想像力で世界が広がっていく、とてもシンプルで身近な芸能です。

(2) オチ　09-02

　落語は、噺の最後に「オチ」がつくのが特徴です。

昔は、昔から伝わる話とか、まあ、お坊さんのお説教とか、そういうものが落語の題材になってたわけです。その話の最後の①面白い部分をごく近年②オチというようになりました。ごく近年、と言っても、200年ぐらい前のことです。言葉が③落ちる、語りが落ちるということから、「オチ」という言葉が作られたと思いますね。

(3) しゃれ　　09-03

「しゃれ」とは、言葉遊びの一種です。その場の流れに応じて「しゃれ」を使うことによって、相手を楽しませたり笑わせたりすることができます。特に同じ音や①似た音を利用して、ひとつの表現の中に②二重の意味を込めて使うものが基本的です。「この焼肉は焼きにくい」とか、「③布団がふっとんだ」「本棚に置くのは本だな」。面白いですね。

聞いてみよう

小噺 ①　09-04　(2) a.③　b.④
　　　c.②　d.①
(3) ①ダイ　②チュウ　③ショウ

09-05

ネズミの小噺。
「おいっ。ネズミつかまえた」
「え？」
「この箱の中にな、今、ネズミつかまえたんだよ。大きなネズミだったよ」
「いいやあ、てえしたこたあねえ（大したことはない）よ。大きくはなかったろう。いやあ、小さかったよ」
「いや、大きかったよ」
「小さかったよ」
「大きかったよ」
「小さかったよ」
と、二人で言い合っていると、中でネズミが、
「チュウ」
答え：②

小噺 ②　09-06
美術館のお噺。
「あーら、素敵、この絵。ルノワールでしょ」
「いいえ奥様、これは違いますよ。ルノワールじゃございませんよ。これはゴヤでございますよ」
「あ、そう。あ、こっちがね、ルノワールね」

「いいえ、違います。それはユトリロでございます」
「あ、さよう。あ、わかった。これならわかるわ、これピカソでしょ」
「いえ、奥様。それは鏡でございますよ」
答え：③

小噺 ③　(1) ①　(3) ①わしょく　②ようしょく　③ようしょく

09-07

うなぎ屋さんの小噺。
「うなぎやさーん、こんにちは」
「あ、いらっしゃい」
「このかばやきは、あー、ニホンリョウリですかー、セイヨウリョウリですかー」
「へえ？　あ、こりゃ、外国の方。これねえ、ええ、ヨウショクですよ」
答え：③

聞いたあとで
生きた聞き取り　　08-15

① 09-11
泥棒の小噺。
「おおー、おい、なんだおまえ、急いで。どこ行くんだよ」
「は、おれ今な、泥棒追っかけてんだ」
「ええ？　泥棒？　はっはっ。おめえは町内でいちばん足がはええ（速い）からなあ。追っかけられる泥棒はいい迷惑だ。泥棒はどっち逃げたんだい」
「あとから来るよ」

② 09-12
酔っ払いの小噺。
「あのねえ、あたしのうちはねえ、この、角を入って、3軒目なんですよ」
「ええ、何言ってるんだよ。あたしのうちですよ、そこは」
「何言ってんだ、あたしのうち」
「いや、ここ、角を入って3軒目はあたしのうち」
「何言ってんだよ、あれはあたしのうちだよ」
「いやあたしのうちですよ」
「あたしのうちですよ」
と二人で言い合ってると、

「おおい、大丈夫かよ。あそこで、『あたしのうちだ』『あたしのうちだ』ってケンカしてるけど」

「大丈夫ですよ。あの二人、親子ですから」

ユニット 10 落語家にインタビュー

語彙を増やそう

1 10-01
(1) b：落語家のことです。落語を聞かせることを職業にしている人です。
(2) d：続いていた物事などが完全に終わることです。
(3) a：文字からわかる表面的な意味のことです。
(4) g：聞いた人や見た人に笑ってもらえること、面白いと思ってもらえることです。
(5) e：ドラマや落語などで、会話とは違う言い方で話す部分です。物語や場面の説明をします。
(6) h：それまでの考え方を壊すことです。
(7) f：何かをするときの動作のことです。
(8) c：話の最後が面白く終わることです。

2
(1) 師匠　10-02
　学校の先生を呼ぶときに「先生」と呼びますね。それと同様に、①落語家を呼ぶ際、敬意を込めて「師匠」と呼びます。でも、「師匠」と呼んでもらえるのは②ベテランの落語家になってからです。「寄席」という、落語などを専門にやる劇場で、プログラムの③いちばん最後に出る資格を持つような落語家は「師匠」と呼ばれます。師匠は、自分で④弟子をとって若い落語家を育てることができます。

(2) 名人　10-03
　あなたの周りには、何かがとても上手な人がいますか。その技能がその分野で優れている人のことを「①名人」と言います。例えば、釣りが上手で魚をたくさんとることができ、釣りを②熟知している人なら、「釣りの名人」と言うことができますし、落語の世界で話がうまくて③評判が高い人なら「落語の名人」と言うことができます。落語の名人ともなれば、声を出さなくても④しぐさだけで何をしているのかすぐわかると言われています。

(3) 総合芸術　10-04
　皆さんは、絵を見たり、音楽を聞いたり、文学や詩を読んだりすることはありますか。美術や、音楽、文芸などを表現する人と、それを楽しむ人によって成り立つものを①芸術といいます。それらを表現する人たちを②芸術家と呼びます。芸術の中には、例えば、映画やオペラのように、音楽と文芸、舞台美術、演劇など、それぞれの芸術が、調和、融合した形式の芸術があります。そういったさまざまな芸術が融合したものを「③総合芸術」といいます。

聞いてみよう

なりきりリスニング 1　10-05

鎌田：まあ、あの、落語ということでね【師匠：はい】、いちばん、やっぱり、そのまあ日本人で落語を知らない人はまずはいないと思いますけど【師匠：はい】、えー、で、まあ、世界的にも落語はまあ、師匠のおかげで【師匠：いえいえ】、広まってきてるんですけど、まあ、一般の日本語学習者からしたら、やっぱり知らない【師匠：はい】、えー、ま、落語とはいったい何なんだ、と【師匠：ええ】。えー、「落ちる」「語」と書きますけど【師匠：はい、はい】、えー、それを、日本語学習、日本語を勉強してる人たちに、あのう、ま、わかりやすいような【師匠：ええ】、えー、ことでちょっと、ご説明願えないでしょう（か）。

師匠：はい、そうですね、えー、あのう、「落語」という言葉自体は、あのう、古い言葉ではなくて、近年の言葉なんですね。その前はですね、「はなし」と言っておりました【鎌田・奥野：はあ】。「はなし」。で、字に書きますと、「口」に「新しい」と書きまして【鎌田：ああ　奥野：ええ】、噺。もしくは、「口」に「出る」と書いて、え、「咄」と読ませていたようですね。えー、ですから、あー、語、咄、

咄ですね、っと、口の中から飛び出す、語が飛び出すというような、そんな意味もあったようですね、ええ【鎌田・奥野：ああ、ふうん】。えー、ですが、それが、あのう、「はなし」というよりも一つの、商品化として「落語」という言葉が【鎌田：ああ　奥野：ふうん】できたんではないかと思いますね。ですから、あたくしどもは、あー、「落語家」とは言いません、自分のことは「あたしは噺家です」と言います。

鎌田：ああ、そうですね、そういえばね。

奥野：んー。

師匠：よそ様は、「あなたは落語家さんですか」というご質問なさいますね。ですから、あのう、「落語」という言葉と「はなし」という言葉を、はっきりと、自分たちは、あの、上では、あー、区別をしてるということがございますですね【鎌田：ほおお】。

　で、今、先生おっしゃったとおり、「落ちる」ということが「落語」という言葉を作り出したんだと思います。ええ。昔はその、オチとかなんとかというよりも、ひとつの、はなしが、完結するところに面白い言葉を使うようになったのが、ごく近年、と言いましても、200年ぐらいでしょうかね、ええ、そのぐらいのもんだと思いますですね。で、それまでは、ご存じのとおり、えー、御伽衆とか、あ、それから、まあ、俗に言う、お坊さんのお説教とか【鎌田：ああー】、そういうものが題材になってたわけですので、え、それに、やっぱり完結するための一つの面白い言葉を作り上げるようになって、そして、落語というものが、あー、皆さんがお聞きなっている落語というものが、大成された、と思いますですね、ええ。

奥野：じゃ、その、完結するところの、面白い言葉というのがオチということですか。

師匠：そう、それがオチです。それが鎌田先生おっしゃったみたいな、オチ、落語、言葉が落ちる、語るが落ちるという、「落語」という言葉に作り替えられてきたと【鎌田：ああ】思いますですね。

(1) 🔊 10-06　a

(2) 🔊 10-07　a
(3) 🔊 10-08　b
(4) 🔊 10-09　b

※編集部注：このインタビューの後、さん喬師匠から、江戸時代末期から明治時代にかけて「落語」という言葉が使われ始めたようであるとのご説明をいただきました。

なりきりリスニング②　🔊 10-10

奥野：その、何か、海外で、ほんとに日本語のわからない方たち【師匠：ええ】とかにも、あの、落語をなさったことがあるって【師匠：あ、そうですね】おっしゃっておられましたけども【師匠：はい】、何かそのときのご苦労とか、ありますか。

師匠：あ、これはあのう、こういう活動する以前の話だったんですが、あの、パリでですね、あのう、いわゆるそのう、「語り」をする人たちが世界各国から集まってきまして、で、あたくしは日本から、ま、行ったんです。そんときに、えー、聴衆は全部、日本語など一切知らないフランスの方々ですね。で、そういう方々にどう落語を理解させるのか、っていうこと。じゃあまあ、あー、パワーポイントというんですかね、俗に言う、まあ、訳を入れたらいいだろう、でも、その訳を全部入れたらそれは皆さん、ただ字面を追ってくだけで、んー、その、落語の楽しさ、語りの楽しさをわかっていただけないんじゃないか、って。で、そのう、ご相談させていただいて、その、短い、その、言葉、それから、例えば「団子」だったらば、団子の絵があったらば絵は、絵を見せるだけ、とか。そういうような作業をして、やらせていただいたんですね。そうしましたら、あの、とてもよく笑ってくださいました。

鎌田：ほう。

奥野：ふうん。

師匠：それはなぜかというと、言葉というのは、感情を伝える、ある種、道具ですよね【奥野：ええ、ええ】。あのう、言葉が先行して感情が伝わるのか、感情が先行して言葉が伝わってくのかっていう、それの、こう、入れ替え

を、こう、作業としてやってみたりしまして、ええ。んー、そうしましたらば、結構、皆さん、言葉はわからなくても笑ってくださいましたですね。え、ま、それは、あのう、いちばん最初に、んー、ストーリーをこう全部、短いストーリーなんですけども、こういう噺をこれからしますよ、というのを皆さんに読んでいただいているので、ストーリーは、まあ理解していただける。そのときのストーリーの中の言葉として、えー、感情の強い言葉であれば「あ、今、怒ってる」とか、「あ、今、子どもがしゃべってるな」とか、ま、そういうやりとりをお客様、ま、当時の、聞いてくださった方々、とてもよく笑ってくださいましたですね、ええ。ですから、自分なんか、もう、てんから、あ、「最初っから」ですね（笑）、【鎌田・奥野：（笑）】こういう、こういう言葉が出ちゃうんですよ、「てんから」って。『てんから』って何ですか」って、「最初っからですよ」って。

鎌田・奥野：「最初から」（笑）。

師匠：そう、最初から、そういうふうにですね、ウケる、ウケるなんて思ってなかったんですが、そしたら、要所要所で、こう、日本語、日本でやってるのと同じように笑ってくださるんで、あ、これは、「おお、なんだ、俺は名人か」と思ったり（笑）。

鎌田・奥野：　　（笑）

鎌田：それは名人ですよ（笑）。

師匠：いや、そんなことないです（笑）。

(1) ● 10-11　a
(2) ● 10-12　b
(3) ● 10-13　b

なりきりリスニング ③　● 10-14

師匠：いや、ほんとに、でもねえ、あの、面白かったですね、はい。で、「死神」とか、ま、ストーリーの強い噺なんですけど、これもやっぱりね、えー、ついてきてくださいました【鎌田：ああ、そうですか】。ですから、先ほど申し上げたように、え、言葉というのは自分の気持ちを伝える大切な道具なんで、その道具の使い方をきっちりと、おー、使っていけば、んー、ある程度、ま、言葉全体を理解していただけなくても、いま自分が言いたいことはある程度理解してもらえるんじゃないかな、十のうち一つぐらいはたぶん。

鎌田：うん、いや、僕もね、実はそう思うんですね。あのう、もちろん、言葉の、もう、細かい部分っていうのはね、それは、母語話者同士でもね、あの、意見が変わることあると思うんですけど、でも、全体的なね、なんていうか、その、ま、落語にしても、しぐさとかね、そういったものがなきゃ、あのう、まあ、成り立たないっていうか、その、それを、あのう、見て楽しむっていうかね、ま、そういう意味ではある意味の、総合芸術っていうかね、だと思うんですよね。だから、そういう部分っていうのはおそらく、あの、何人であっても、どんな文化であっても、共通面は、僕はあると思うんですね。

師匠：そうです、おっしゃるとおりですね。逆に、「日本人しかわからないだろう」という概念が、あー、見事にそのとき打ち崩されましたですからね。もう、わあっと思って、こう、自分の中で、えー、こう、「見たってどうせ日本人にしかわからないものなんだから」って思って行ったんですが。これから、あっ、言葉の大切さと感情の大切さというのを、伝えるための感情ですね、を、逆にそのフランスで学ばせていただきました。

鎌田：なるほどねえ、ほう。

(1) ● 10-15　b
(2) ● 10-16　a
(3) ● 10-17　a

聞き取りトレーニング

ユニット 1

（1）行楽日和 01-19

　えー、桜前線は平年より速いペースで北上を続けていて、今日、東京の桜が開花しました。桜は開花するとだいたい1週間ぐらいで満開になって見頃を迎えます。そこで気になるのが各地のお天気ですが、この週末のお天気は晴れ、行楽日和となりそうです。えー、野や山に出かけて遊ぶのにちょうどいい、晴れたお天気ですね。お花見にちょうどいいので、お花見日和とも言えそうです。

（2）熱中症 01-20

　えー、8月に入り、気温の高い日が続いています。体内の水分や塩分のバランスが、崩れて熱中症になりやすいので、えー、喉が渇く前に小まめに水分をとり、日中の外出は避けたほうがいいでしょうね。屋内でも熱中症になりますので、えー、エアコンを適切に使うようにしてください。えー、また、外出の際には紫外線が強いですから、日焼けにもご注意ください。はい。

ユニット 2

（1）納豆 02-20

　日本に来る前に、納豆を食べたことがありませんでした。日本人が朝ご飯の時に食べる発酵食品だというのは知っていましたが、どうやって食べるのか、初めはちょっとわかりませんでした。納豆に醤油を垂らしたあとで、箸で数回混ぜて、ねばねばにして食べることを初めて知りました。

（2）お麩のお吸い物 02-21

　お麩という食べ物を知っていますか。おみそ汁とかお吸い物に入れる、小麦粉で作ったものなんですが、インスタントのお吸い物に入っているお麩は、お湯を注ぐと、やわらかく、食べやすくなります。お麩には丸とか、四角とか、花の形とか、いろいろな形があるんですよ。

ユニット 3

（1）セットメニュー 03-20

　日本では多くの店で、定食をはじめとして、セットメニューが用意されています。和食の場合、焼き魚定食とか生姜焼き定食のように、肉や魚と、ご飯、漬物、味噌汁のセットが一般的です。洋食の場合、AランチとかAセットというネーミングで、メイン料理と、パンかご飯、サラダが付いていて、コーヒーや紅茶、デザートまで付いているところもあります。セットメニューは栄養のバランスもよく、値段もお手頃なので、お薦めです。実はお店のほうも、セットで頼んでくれたほうが時間や経費の節約になります。

（2）回転ずし 03-21

　回転ずしというのは、客の目の前を回るレーンにすしを載せ、客が好きなすしを取って食べるスタイルの店のことです。ネタによって値段が違う店もありますが、全部一皿100円という店もあります。また、最近では、タッチパネルを利用する店も増えてきました。自分の座っているところの前にタッチパネルがあって、すしの写真を押して注文すると、そのすしが出てくるんです。会計のときは、皿に付いたバーコードやICチップを読み取って、すぐに金額が計算される店もあります。

ユニット 4

(1) ご祝儀袋　04-20

　ご祝儀袋を知っていますか。結婚式などお祝いの時にお金を入れる袋のことです。封筒のようで、そこに「寿」などお祝いを意味する字が書かれた紙が付いています。そして袋の真ん中には、赤と白などの細いひものような水引が結んであります。この袋は、コンビニなどで買うことができます。

(2) ご祝儀袋のお金の入れ方　04-21

　ご祝儀袋にはお祝いのお金をどのように入れるのでしょうか。ご祝儀袋は袋の中にもう一つ封筒が入っていて、そこにお金を入れます。そのとき、中の封筒には、金額と自分の名前や住所を書いて入れます。ご祝儀袋の外には、水引を付けます。そして、ほかに細長い紙も一緒に付いていますから、その紙に自分の名前を筆ペンで書いて、袋と水引の間に差し込みます。

ユニット 5

(1) 自撮り　05-19

　今、私がお薦めのものはこちらです。軽くて持ち運びしやすいですし、自撮りとかっていうのもしやすくなっております。ご家族や友達みんなと自分も一緒に入って、片手で撮ることができるんですよ。そして、手ぶれを抑えてくれる機能があるので、片手でもきれいに撮れますよ。

(2) 一眼レフとミラーレス　05-20

　カメラには大きく、コンパクトカメラと、ミラーレス、一眼レフがございます。一眼レフでは、レンズを通して見えるものがそのままファインダーを通して見えるんですが、これは反射ミラーがあるためです。ミラーレスはその言葉のとおり、この反射ミラーがないので、液晶画面で撮影しようとするものを見ることになります。ミラーレスは一眼レフの機能を一部省略したことでですね、まあ軽量化、つまり軽くすることに成功したと言われているんですよ。

ユニット 6

(1) 金沢　06-18

　石川県金沢市は、日本海に面する人口約47万人の町です。自然豊かで、昔からの古い街並みが今でも多く残っています。江戸時代の代表的な庭園である兼六園には、春の桜、秋の紅葉の時期だけでなく、冬も多くの観光客が訪れます。日本海の新鮮な食材が集まる近江町市場も旅行者に人気があります。伝統的な和菓子なども有名です。

(2) 忍者寺　06-19

　石川県金沢市にある「妙立寺」は、建物の造りが複雑なことから「忍者寺」と呼ばれて人々に親しまれています。侵入した敵をあざむくためにそのような造りになっており、中はまるで迷路のようです。そこに階段があることがわからないような隠し階段や、その上を通る人が気付かずに落ちてしまうような落とし穴など、驚くような仕掛けが数多くあります。訪れた際は、迷子にならないように注意しましょう。

ユニット 7

（1）ジョブ・ローテーション　07-20

　ジョブ・ローテーションというのは、計画的に社員をさまざまな部署に異動させることです。社員の職場を定期的に変え、いろいろな仕事を経験させることによって、社員の能力開発を行うことを目的としています。この方法によって、社員は経験を通していろいろな視点で自分の仕事を見ることができ、どの仕事が自分に合うかを知ることができます。また、マンネリ化を避けられるというメリットもあります。

（2）社内レクリエーション　07-21

　会社に勤めている人が会社の人たちみんなと温泉旅行に行った、というような話を聞いたことがありますか。社内レクリエーションには、社員旅行をはじめとして、運動会やお花見、スポーツ観戦などがあり、多くの企業で行われています。その目的は、社員同士の親睦を深め、チームワーク強化を図ったり、ほかの部署とのコミュニケーション不足を改善したりすることです。社内レクリエーションを行うことによって、職場の雰囲気を良くし、生産性の向上に結び付くと考えられています。

ユニット 8

（1）以心伝心　08-19

　文字や言葉を使わなくても、心と心が通じ合っていて、考えていることがお互いにわかることを「以心伝心」といいます。例えば、非常に親しい友達がいて、その子とは幼稚園からの付き合いであり、何を考えているのか、何を言おうとしているのか、口に出すことがなくてもわかるような場合、その友達とは以心伝心だと言えます。恋人同士の場合、以心伝心で何でも理解し合えるほうがいいという考え方もあるでしょうし、それではつまらないと考える人もいるかもしれませんね。

（2）記念日　08-20

　皆さんの国では、結婚記念日をお祝いしますか。日本でも、明治時代から少しずつお祝いする習慣が広まって、今では、結婚記念日に、夫婦の間で毎年記念のプレゼントを贈ったり、食事をしたりする習慣が定着しています。そして最近では、カップルの間でも、付き合い始めて1か月目、6か月目、1年目などをお祝いするようになってきました。特別な所に出かけたり、特別な食事をしたりするようです。ただし、特に何もしないという人も多く、結婚記念日ほどお祝いの習慣が定着しているとは言えないようです。

ユニット 9

（1）落語　09-13

　「落語」というのはですね、歌舞伎など、ほかの伝統芸能と違って、身振りと手振りのみで噺を進め、一人で何役をも演じます。また、衣装や舞台装置などを極力使わず、小道具の扇子や手拭を使って、箸や手紙など、あらゆるものを表現します。噺家と聴き手の想像力で世界が広がっていく、とてもシンプルで身近な芸能です。

（2）オチ　09-14

　落語は、噺の最後に「オチ」がつくのが特徴です。昔は、昔から伝わる話とか、まあ、お坊さんのお説教とか、そういうものが落語の題材になってたわけです。その話の最後の面白い部分をごく近年、オチというよう

になりました。ごく近年、と言っても、200年ぐらい前のことです。言葉が落ちる、語りが落ちるということから、「オチ」という言葉が作られたと思いますね。

(3) しゃれ　09-15

「しゃれ」とは、ことば遊びの一種です。その場の流れに応じて「しゃれ」を使うことによって、相手を楽しませたり笑わせたりすることができます。特に同じ音や似た音を利用して、1つの表現の中に二重の意味を込めて使うものが基本的です。「この焼肉は焼きにくい」とか、「布団がふっとんだ」「本棚に置くのは本だな」。面白いですね。

ユニット10

(1) 師匠　10-20

学校の先生を呼ぶときに「先生」と呼びますね。それと同様に、落語家を呼ぶ際、敬意を込めて「師匠」と呼びます。でも、「師匠」と呼んでもらえるのはベテランの落語家になってからです。「寄席」という落語などを専門にやる劇場で、プログラムの一番最後に出る資格を持つような落語家は「師匠」と呼ばれます。師匠は、自分で弟子をとって若い落語家を育てることができます。

(2) 名人　10-21

あなたの周りには、何かがとても上手な人がいますか。その技能がその分野で優れている人のことを「名人」と言います。例えば、つりが上手で魚をたくさんとることができ、つりを熟知している人なら、「つりの名人」と言うことができますし、落語の世界で話がうまくて評判が高い人なら「落語の名人」と言うことができます。落語の名人ともなれば、声を出さなくてもしぐさだけで何をしているのかすぐわかると言われています。

(3) 総合芸術　10-22

皆さんは、絵を見たり、音楽を聞いたり、文学や詩を読んだりすることはありますか。美術や、音楽、文芸などを表現する人と、それを楽しむ人によって成り立つものを、芸術といいます。それらを表現する人たちを芸術家と呼びます。芸術の中には、例えば、映画やオペラのように、音楽と文芸、舞台美術、演劇など、それぞれの芸術が、調和、融合した形式の芸術があります。そういったさまざまな芸術が融合したものを「総合芸術」といいます。

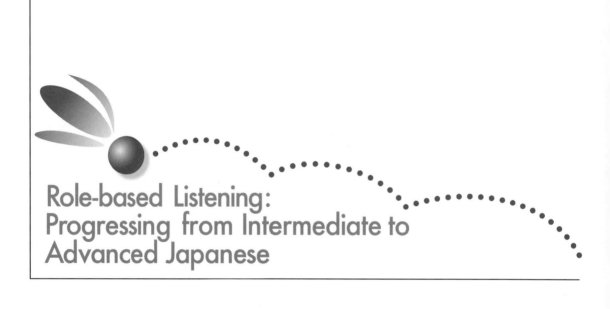

Role-based Listening:
Progressing from Intermediate to
Advanced Japanese

©2016 by Osamu Kamada, Yukiko Okuno,
Kumiko Kaneniwa and Michie Yamamori.
All rights reserved.

Printed in Japan